06年10月10日、リーグ優勝の「胴上げ投手」の栄誉に浴した。
マウンドの中心で歓喜を爆発させた。
「ストッパー冥利に尽きる」最高の瞬間だった。

05年10月1日、「シーズン46セーブ」達成時の投球フォーム。
ストッパー2年目にして「大魔神」佐々木主浩（横浜）の45を破った。
以後「中日黄金期」の守護神として君臨する。

土壇場のメンタル

1002試合登板、407セーブのストッパー

岩瀬仁紀

日本文芸社

【まえがき】

「Ｄｒａｇｏｎｓ」のユニフォームを脱いで早いもので丸４年の歳月が流れた。僕がストッパーを務めていたころから、プロ野球界の「投手分業制」はさらに進んでいる。「ストッパー」はもちろん、「中継ぎ」も１イニング限定であるし、「イニングまたぎ」はほとんどない。最近では「７回の男」「８回の男」の存在が確立しつつあるくらいだ。

かつてＮＰＢ（日本野球機構）の記録部長は非公式に「名球会（投手は通算２００勝）にストッパーが入る条件を作るなら、０・５勝に換算するのが妥当かな」と話したそうだ。結局、２００３年に通算２５０セーブと規定されたが、それを超えるストッパーは、僕が史上３人目の達成となった10年以来、22年まで出現していない。

図《はか》らずもストッパーにかかる負担の大きさが証明された。「守護神あるところに覇権あり」――そう周囲に言っていただく。「守護神」の称号で脚光を浴びる半面、過酷なポジションであるストッパーの重要性は再認識されている。

そんな折、編集部からご提案を頂戴した。

「土壇場で薄氷《はくひょう》のマウンドに登るストッパーの心技体を知りたい」

「緊張感あふれる仕事場で実力を発揮したいビジネスパーソンのために、岩瀬さんの経験値を教えてほしい」

それが著書の題名になっている。

「1002試合登板、407セーブ」――僭越《せんえつ》ながら「僕自身が生の声を発することで、今後、野球を志す若者や、ビジネスパーソンのお役に立てるのなら望外の喜びだ」と、お引き受けした次第だ。

僕の自叙伝の性格もふまえた初の著書。詳《くわ》しくは本編に譲るとする。

【表1】岩瀬仁紀の年度別投手成績、中日順位、シーズン最多セーブ投手

年度	中日監督	順位	優勝チーム	登板	勝利	敗戦	中日勝利	セーブ	最多セーブ投手	ホールド	投球回	与四球	奪三振	防御率
1999	星野仙一	**1位**	ダイエー	**65**	10	2	81勝	1	高津臣吾 30	岩瀬仁紀	74・1/3	22	73	1.57
2000		2位	巨人	58	10	5	70勝	1	ギャラード 35	岩瀬仁紀	80・1/3	28	65	1.90
2001		5位	ヤクルト	61	8	3	62勝	0	高津臣吾 37	木塚敦志	62・2/3	16	62	3.30
2002	山田久志	3位	巨人	52	4	2	69勝	0	ギャラード 34	石井弘寿	59・2/3	15	66	1.06
2003		2位	阪神	58	5	2	73勝	4	高津臣吾 34	岩瀬仁紀	63・2/3	12	69	1.41
2004	落合博満	**1位**	西武	60	2	3	79勝	22	五十嵐亮太 37	岡本真也	64・1/3	14	53	2.80
2005		2位	阪神	60	1	2	79勝	**46**		2	57・1/3	8	52	1.88
2006		**1位**	日本ハム	56	2	2	87勝	**40**		5	55・1/3	8	44	1.30
2007		**②位**	巨人	61	2	4	78勝	43	藤川球児 46	3	59	9	50	2.44
2008		3位	巨人	51	3	3	71勝	36	クルーン 41	5	49	10	41	2.94
2009		2位	巨人	54	2	3	81勝	**41**		1	46・2/3	13	34	2.12
2010		**1位**	ロッテ	54	1	3	79勝	**42**		3	48	13	41	2.25
2011		**1位**	ソフトバンク	56	0	1	75勝	37	藤川球児 41	7	48・2/3	10	45	1.48
2012	高木守道	2位	巨人	54	1	3	75勝	**33**	バーネット 33	6	51	13	30	2.29
2013		4位	巨人	55	2	3	64勝	36	西村健太朗 42	8	53・1/3	19	37	1.86
2014	谷繁元信	4位	巨人	34	1	2	67勝	20	呉 昇桓 39	4	30・2/3	10	18	3.52
2015		5位	ヤクルト	0	0	0	62勝	0	バーネット、呉 41	0	0	0	0	―
2016		6位	広島	15	0	2	58勝	0	澤村拓一 37	2	10・1/3	3	5	6.10
2017	森 繁和	5位	広島	50	3	6	59勝	2	ドリス 37	26	35・2/3	14	28	4.79
2018		5位	広島	48	2	0	63勝	3	山﨑康晃 37	10	35	7	28	4.63
現役20年				**1002**	59	51	1432勝	**407**		82	985	244	841	2.31

編集部注／岩瀬の登板の太字、セーブの太字はリーグ最多。「優勝チーム」の項目において、中日が1位の年はパ・リーグの日本シリーズ出場チームを掲載した。07年中日はクライマックスシリーズを勝ち上がっての日本一。

「中日勝利」と岩瀬のセーブ数を対比すると、チームの勝利に岩瀬のセーブが大きな割合を占めていることが分かる。

「ホールド」の欄の04年までは、「リリーフポイント制」最多の投手を記した。岩瀬は04年からストッパーを任された。

【表2】中日リーグ優勝年のチーム防御率順位、主力投手、ゴールデングラブ賞

年度	チーム防御率	先発	先発	先発	中継ぎ	抑え	ゴールデングラブ賞							
1999	1位3・39	野口茂樹19勝	武田一浩9勝	川上憲伸8勝	岩瀬仁紀10勝	宣 銅烈28S	0人							
2004	1位3・86	川上憲伸17勝	山本昌13勝	ドミンゴ10勝	岡本真也9勝	岩瀬仁紀22S	川上憲伸		渡辺博幸	荒木雅博		井端弘和	英智	アレックス
2006	1位3・10	川上憲伸17勝	朝倉健太13勝	山本昌11勝	平井正史27HP	岩瀬仁紀40S	川上憲伸	谷繁元信		荒木雅博		井端弘和		福留孝介
2010	1位3・29	チェン13勝	吉見一起12勝	中田賢一7勝	浅尾拓也59HP	岩瀬仁紀42S	0人							
2011	1位2・46	吉見一起18勝	ネルソン10勝	チェン8勝	浅尾拓也52HP	岩瀬仁紀37S	浅尾拓也	谷繁元信						大島洋平

CONTENTS●目次

INNING 9 仕えた監督たち

INNING 1

二刀流だが、投手としてのプロ入り

01

「愛知の私学4強」を倒したかった

——岩瀬仁紀は愛知県で生まれた。小学校、中学校、高校野球、大学野球、社会人野球、そしてプロ野球20年間をすべて愛知県で過ごした「フランチャイズ・プレーヤー」である。

長いプロ野球生活をすべて1球団に捧げた選手はそれなりに存在する。とはいえ、プロ野球選手ならトレードやFA、一般社会においても転勤や転職が日常茶飯事の昨今、「生まれも育ちもプレーも1つの場所で」となると珍しい。

そういう意味で、岩瀬と中日はあたかも硬式ボールのように、赤い糸で結ばれていたのかもしれない。

そして「投手で１００２試合登板」「通算４０７セーブ」は、金田正一（国鉄ほか）通算４００勝、王貞治（巨人）通算８６８本塁打、福本豊（阪急）通算１０６５盗塁、谷繁元信（中日ほか）３０２１試合出場とともに、日本球界に燦然《さんぜん》と輝く金字塔である【Ｐ５表１参照】。

「守護神」は幼少時代をどう過ごしたのか？　大学時代は「投打二刀流」だった。そしてプロ入り後、「守護神」を任されたきっかけは何だったのか？

１９７４年（昭和49年）は、中日を与那嶺《よなみね》要《かなめ》監督が率《ひき》い、20年ぶりのリーグ優勝を果たした年。そんな年に僕は生まれた。僕が小学校2年生の82年に近藤貞雄監督でリーグ優勝。愛知県生まれの僕が「ブルーのＣＤのキャップ」をかぶっ

たのは、自然の成り行きだった。

また、僕が中学2年の88年に星野仙一監督でリーグ優勝。さらに僕がプロ入りした99年、僕が幼少時代からのスターだった星野監督と同じユニフォームをまとってリーグ優勝を味わえたのは夢のようだった。

それにしても、高校野球や大学野球まで「1つの都道府県」でプレーする選手はいたとしても、その後また社会人野球を経由し、さらにプロ野球は引退まで20年間もずっと同じとなると、相当珍しいだろう。

思えば、野球を始めたきっかけは小学校1年生のとき、親父のやっていた町内会のソフトボールについていったこと。僕はもともと野球が好きで、テレビのナイター中継をよく観ていた。

「お父さんのように僕もやりたい。バットで打ちたい。それもソフトボールじゃなく、野球をやりたい」

気がつけば、硬式のリトルリーグのチーム（愛知衣浦リトル）に入っていた。小学校2年生だった。左利《き》きだったのでポジションは限られていて、投手か一塁手か外野手だった。

中学1年の夏までリトルリーグがあって、それが終わってから西尾市立寺津中学の軟式野球部に入った。完全試合も達成できた。

高校は、愛知県立西尾東高校。もともと県ベスト16くらいだっただろうか。ただ、僕がプロ入りしたのを機に「県立高校でもプロにいけるなら」と地元・西尾市から進学する子が増えたそうで、嬉しいことである。

最近では18年夏の東愛知大会で決勝進出（対愛産大三河高）、16年夏に愛知県大会準決勝進出（対愛工大名電高）を果たした。愛知県と言えば「私学4強」の牙城はずっと堅固だった。そこに私立の愛知高や県立の大府高が加わるのが、僕が高校生のころまでの愛知県高校野球の長年の勢力図だった。

（**編集部注**／中京大中京高＝甲子園優勝11度、主なOB日本ハム・稲葉篤紀。東邦高＝甲子園優勝5度、主なOB巨人・山倉和博。愛工大名電高＝甲子園優勝1度、主なOBオリックス・イチロー。享栄高＝甲子園出場19度、主なOB国鉄・金田正一。大府高＝甲子園出場7度、主なOB巨人・槙原寛己。）

僕は高校2年秋の県大会で東邦高に2対3のサヨナラ負けを喫した。だから「どうしても東邦に勝ちたい！」という思いが沸々《ふつふつ》と湧《わ》き上がった。当時、東邦高では山田貴志という右投げのプロ注目投手がエースだった（東邦高→東北福祉大→中日97年ドラフト5位～98年＝6試合0勝0敗）。

僕は毛筆で「打倒　東邦」としたためて、自分の部屋の壁に貼った。僕なりの大きな決意を示したかった。とにかく私学4強の一角でも崩したい。いや当時の愛知県高校球界では、私学4強を崩さなければ「夢の甲子園」が、本当に夢のまま終わることを意味した。

僕の「最後の夏」の地方大会は2回戦（対三好高）でノーヒットノーランを達成。だが、4回戦敗退（対名城大付高）。この4回戦に勝っていれば次は東邦高戦だった。東邦高の選手たちが4回戦の僕の投球を偵察していたのは分かっていた。手の内を明かさないように投げていたら、4回戦の相手に足元をすくわれた。

手の内を明かさずに力を少し抑えたことで、図《はか》らずも僕の高校野球は終焉《しゅうえん》を迎え、涙に暮れた。ちょうど30年前。青春の甘酸っぱい思い出だ。

02

「田尾安志2世」ならずも、社会人野球で「高速スライダー」会得

——岩瀬は、「人気の東京六大学リーグ」や「実力の東都大学リーグ」ではなく、地元の愛知大学に進学した。

愛知大学野球連盟の22年秋1部リーグは名城大学、中京大学、中部大学、愛知工業大学、愛知東邦大学、愛知学院大学の6校。最近、愛知大学は2部Aリーグに所属していたが、入れ替え戦で愛院大を破り、23年春から1部リーグに昇格となった。

愛知大学出身のプロ野球選手と言うと、今でこそ祖父江《そぶえ》大輔投手（中日）や安

田悠馬捕手（楽天）がいるが、僕の大学在籍当時までプロ野球選手はほとんどいなかった。僕は「プロをめざす」というよりも、とにかく「野球を続けたい」一心で愛大に進学したのだ。

（**編集部注**／祖父江大輔＝87年生まれ、14年中日ドラフト5位。20年最優秀中継ぎ投手。安田悠馬＝00年生まれ、22年楽天ドラフト2位。安田の「新人捕手の開幕戦スタメン」は2リーグ制以降13人目。）


大学に入学してすぐ、当時の桜井智章監督に提案された。

「投手ではまだ無理だが、野手としてなら、すぐベンチ入りさせてやるぞ」

「なら、野手やります！」

大学4年間8シーズンで「ベストナイン（外野手）」に4度選出された。「この試合に負けたら最下位で入れ替え戦」という試合、夢中で気づいたら「1試合3本塁打」を打っていたこともある。僕は、それなりの強打者だったのだ。

当時の愛知大学リーグは、愛知工大、愛知学院大、名城大、名古屋商大あたりの群雄割拠《ぐんゆうかっきょ》。愛大はいつも2番手か3番手で、なかなかリーグ優勝に手が届かなかった。

しかし、大学野球に身を投じたからにはやはりリーグ優勝して、春の全日本大学野球選手権大会、秋の明治神宮野球大会まで進出するのが当面の目標だった。

チームに傑出《けっしゅつ》する投手もいなかったので、大学3年生の春季リーグ戦が終わったときに監督に直訴した。

「僕に投手もやらせてもらえないですか」

「そうか。分かった。やってみろ」

そんな経緯で「投打二刀流」になった。大学3年秋からの3シーズンで、計8勝4敗の投手成績だった。

INNING 1

二刀流だが、投手としてのプロ入り

プロ野球選手になれる、なれないは別問題として、野球を始めたリトルリーグの小学校2年生当時から「将来はプロ野球選手になりたい」という憧れ、夢は漠《ばく》然《ぜん》と抱いていた。

プロ野球選手を現実のものとして意識したのは、96年の大学4年時。投手ではなく、「外野手・岩瀬」としてだった。

大学野球リーグは6チームにおける2勝先行の勝ち点制。4年間8シーズンなので最多120試合ほど。プロ野球の1シーズンの試合数に近くなる。

当時の愛知大学リーグの安打記録は、神野《じんの》純一さん（愛工大→中日93年ドラフト7位〜03年）が保持する通算125安打。神野さんはその96年にプロで「1試合3本塁打」もマークした好打者だった。

「神野さんの125安打を抜いたら、野手でプロ入りしたい。いや、抜けると思う」

しかし最後、僕は記録を意識してスランプに陥り、結局1本届かずじまい。大学通算打率・323を残しながら、124安打に終わった。

「最後の1本が届かなかったということは、すなわち野手として俺には何かが足りないんだ。投手として採ってくれる社会人野球チームを探すしかない」

――大学時代に「投打二刀流」として鳴らした選手に、田尾安志（同志社大→中日76年ドラフト1位＝通算1560安打）がいる。田尾は投手として大学通算14勝3敗、打者として通算78安打、打率・370、ベストナイン3度受賞（外野手）だった。田尾は打者としてのプロ入りを選び、中日1年目に新人王を受賞している。

僕は「NTT東海」に入社した。同社の野球部出身には中村豪さん（愛工大名電高監督）や中西親志《ちかし》さん（ヤクルト捕手）、森昌彦さん（アトランタ五輪銀メダル）がいる。

森さんに「高速スライダー」を伝授された僕は、社会人2年目の98年に「新日鉄名古屋（現・日本製鉄東海REX）」の補強選手として夏の都市対抗野球に出場を果たした。1回戦の東芝府中（現在は東芝に統合）戦に先発、5回3失点で敗れた。

しかし、春の社会人高砂大会と岡山大会で、強打の「三菱ふそう川崎」（旧・三菱自動車川崎。現在は解散）と「日本石油」（現・ENEOS）を立て続けに完封で退けていた。三菱ふそう川崎は約10年間完封されたことがなかったらしく、一躍、僕の名は全国に知られることとなった。

（**編集部注**／「NTT東海」はその後、「NTT西日本名古屋野球クラブ」に改称したが、02年を最後に解散。NTTグループの再編に伴い、現在は、「NTT西日本」に含まれる。）

03

プロ1年目。「酒が飲めないから、リリーフ投手に（？）」

——闘将・星野仙一は96年に監督再就任後、3年連続して覇権を逃し、スカウト陣に厳命をくだす。

「1イニングでもしっかり抑えられれば十分だ。地元・愛知の逸材を見逃したらただではおかない」。「なら、いい投手がいます！」。

そう答えて岩瀬を推したのは近藤真一スカウトだった。近藤は、星野第1次政権1年目の87年、高校出プロ初登板で宿敵・巨人をノーヒットノーランに封じた左投手である（享栄高出身）。近藤は岩瀬に自《みず》らの背負った番号「13」を禅譲《ぜんじょう》した。

ちなみにこの年の巨人ドラフト1位は上原浩治投手（大阪体育大）、西武ドラフト1位は松坂大輔投手（横浜高）、阪神ドラフト1位は藤川球児投手（高知商高）。愛知出身選手には、ヤクルトドラフト1位の石堂克利投手（愛工大名電高）、横浜ドラフト1位の古木克明内野手（豊田大谷高）がいた。

僕は逆指名、ドラフト2位で、念願のプロ入りを果たすことになった。同期の中日ドラフト1位は福留孝介内野手（PL学園高→日本生命）だった。

プロ1年目の開幕の広島戦、1点リードの6回二死二塁、僕は記念すべき初登板のマウンドに上がる。しかし、前田智徳《とものり》さん、江藤智《あきら》さん、金本知憲《ともあき》さんのクリーンアップに3連打された。一死も取れず逆転を許し、あえなく降板。それでも2日後の広島戦でリベンジを果たした。

結局、リーグ最多の65試合登板で幸先《さいさき》よく「最優秀中継ぎ」のタイトルを獲得することができた。10勝、防御率1・57で、11年ぶりリーグ優勝の美酒に酔うことになる（新人王は20勝の巨人・上原）。

と言っても実際問題、僕は酒を一滴も飲めない。体が受け付けないのだ。

「岩瀬は酒が飲めないから、二日酔いの心配がない。連投できるので、リリーフ投手にうってつけだ」

山田久志投手コーチが本気で言ったのか、直接聞いていないから知る由《よし》もない。だが、それが書いてある記事を読んで、中継ぎ役を任された理由を知った（苦笑）。

翌00年も僕は58試合に投げて10勝、防御率1・90。2年連続「最優秀中継ぎ」のタイトルを獲得した。しかし、「プロでやっていける」という自信めいたものをつかんだのは、プロで3年を終えてからだ（01年61試合8勝）。

「岩瀬は登板過多、酷使されている。毎年そんなに投げていると、いつか壊れるぞ」

「そうか、そういうものなのか。プロでこんなに投げていると、みんなが言うように、俺いつか、どこかで壊れるのかな……」

漠然とそんなふうに思い込んでいた。しかし3年連続「シーズン50試合以上登板」はそれなりの自信となった。まさに「石の上にも三年」だ。結果的に入団以来15年連続まで「シーズン50試合以上登板」の数字を伸ばすことになる。

04

なぜ落合監督は、30歳の岩瀬をストッパーに指名したのか

——岩瀬がストッパーになったのは、プロ入り6年目。大学、社会人野球経由の30歳のシーズン、落合博満監督就任1年目の04年だった。

実は落合監督と野村克也監督は懇意《こんい》にしていて、たびたび「三冠王対談」の機会があった。対談の結論はいつも「野球で勝つには、投手力を含めた守備力だな」だった。——守護神あるところに覇権あり、名捕手あるところに覇権あり。

野村監督が、高津臣吾《しんご》投手—古田敦也捕手のバッテリーを軸としてヤクルト黄金時代を築いたように、落合監督は、岩瀬仁紀投手—谷繁元信捕手のバッテリーを重用するのだ。

04年落合監督は自《みずか》らのノックで守備を鍛え上げ、チーム守備率・991のリーグ記録を作った。結果、ゴールデングラブ賞の初受賞選手をチームで6人輩出する【P6表2参照】。

「落合・中日」は、プロ野球新記録259本のチーム本塁打を放った巨人をくだし、いきなりセ界を制覇した。以後「落合・中日」は8年間でリーグ優勝4度、日本一1度。勝利を決める最後のマウンドには、いつも岩瀬の雄姿があったのだ。

当時、中日はどのようなチーム背景があって、落合監督は岩瀬をストッパーに指名したのか。

僕は現役20年間、通算1002試合の中で、プロ2年目の00年に1試合だけ先発している。この試合、7回7安打1失点の勝利投手で、2年連続の10勝目を達成した。

プロ入り当初は「いつかは先発をやりたい」という希望を、ずっと胸に秘めていた。その先発勝利は、近い将来の「先発転向」への試金石《しきんせき》になるとも思っていたのだ。


だが寝耳に水、落合新監督にストッパーに指名されたのだ。忘れもしない春季沖縄（北谷《ちゃたん》）キャンプが始まる前日、04年1月31日だ。

中日新監督として、ナインを前にした初めてのミーティング。落合監督が開口一番、発した言葉は、淡々とした口調ながら実に衝撃的だった。


「俺の仕事は、選手のクビを切ることだ！」

監督就任1年目、トレード補強もせず、前年と同じ選手を鍛えて戦力の底上げを図った。つまり、選手にとって実質的な「執行猶予1年」だ。当然、好結果を残さなければならない。そんな現実的でシビアな言葉を聞いて、選手たちは身が引き締まる思いだった。

ミーティングのあと、ホテルの自室でくつろぐ間もなく、ドアがノックされた。僕と（川上）憲伸《けんしん》は顔を見合わせた。2人はキャンプ宿舎の同部屋だった。ドアを開けると落合監督が入ってきて、驚いた。

「川上は『開幕（投手）』じゃない。岩瀬、お前はストッパーな」

それだけ言って去っていった。唖然《あぜん》としたのを覚えている。

そう。思えば「落合・中日」1年目、注目の04年開幕投手が川崎憲次郎さんであることを、開幕当日の4月2日まで落合監督と川崎さん以外の中日関係者全員が知らなかったのだ。

以後もそうだったが、落合監督は必要最低限の言葉しか世に出さない。その短い言葉にいろいろな意味が含まれていて、選手は各自、考えさせられるものがあった。

中日のストッパーというと、それまで宣銅烈《ソンドンヨル》さん（96年〜99年中日／97年タイトル）、ギャラード（00年〜03年中日／00年・02年タイトル）という「最多セーブ」のタイトルを獲得した名投手が存在した**【P5表1、P6表2参照】**。

他球団に目を移すと佐々木主浩《かづひろ》さん（横浜）、高津さん（ヤクルト）という球界を代表する守護神が君臨していた。だから「ストッパー像」というと、僕には特に佐々木さんのイメージが強い。

佐々木さんは95年から4年連続「最多セーブ」投手に輝いた（97年は宣と同数）。僕のプロ入り前年の98年、45セーブを挙げて、横浜38年ぶり日本一の原動力になった。190センチ98キロのガッチリとした体躯《たいく》から繰り出す150キロのストレートとフォークボール。防御率0・64。無双の大活躍で「大魔神」の異名をほしいままにしていた。

いずれにせよ、やはり一番後ろで投げる投手というのはチームの屋台骨を背負う。ストッパーの出来が、チームの勝ち負けに直結してしまう。相当なプレッシャーがあるのは、すごく感じていた。その重要なポジションを自分が任せられるとなったら、それなりの覚悟を持つ必要がある。

落合監督に「岩瀬、お前はストッパーな」と言われてからは、「先発で投げたい」気持ちは微塵《みじん》もなくなった。落合監督が、なぜ僕を「後ろ」に持っていったかは、あとから伝え聞いた。

「この数字を見たら、岩瀬以外の誰が『抑え』をやるというんだ」（落合監督）
「岩瀬の球は、打者の目の前で生き物のように動いて打ちづらい」（森繁和投手コーチ）
僕はそれまで、入団以来5年連続50試合以上登板。5シーズン中、防御率1点台が4度あった。だから、落合監督の胸の内には、監督就任決定直後から「岩瀬ストッパー」構想が、おそらくあったのだと思う**【P5表1参照】**。
大学・社会人経由のプロ6年目、すでに30歳を迎えるシーズンだ。だが、やるからには、やはり「失敗しないストッパーになりたい」という気持ちを抱いた。
「いかに勝ちゲームで終われるか」。同点にでもしたら、先発投手の勝ち星の権利を一瞬にして消してしまう。そればかりか中継ぎ投手の奮闘、打者の殊勲打を無にしてしまう。

つまり、チームのそれまでの頑張りが、ストッパーの出来に集約される。勝利をフイにすれば、ナインも裏方さんもファンも試合後に歓喜を分かち合えない。最初のころは僕の鼻息も荒く、「中継ぎ」をやっていたころと同じように「登板した試合全部をゼロで抑えよう」という気持ちでいっぱいだった。

――ともに「捕手兼任監督」を務めた古田（ヤクルト）と谷繁（中日）だが、古田は02年ころ、「選手を選べるのなら、まず岩瀬君をチョイスする」と語ったことがある。

谷繁は監督退任後の21年、「1軍投手枠12人に順番をつけるのであれば、現代野球は最初にストッパーを固定する」と話した。つまり、稀代《きだい》の名捕手たちも、岩瀬を「いの一番」に選ぶのだ。

テレビの「模擬ドラフト会議」のような番組だった。古田さん（ヤクルト）が

1位で僕を指名してくれた。たまたま僕もそのテレビ番組を観ていた。

今でこそ「中継ぎも1イニング限定」が確立している。当時は中継ぎ投手が終盤の一番の勝負どころ、戦況の苦しいところで主力打者にぶつけられ、次の回も投げさせられた。

だから「一番使い勝手のいい投手」という意味での指名だったのだと思うが、素直に嬉しかったのを覚えている。

INNING 2

ストッパー哲学

01

ピンチを迎えてこそ「火事場の馬鹿力」が出る

――ストッパー1年目の04年。開幕直前に自宅浴室で転倒した岩瀬は、左足中指を骨折。それでも22セーブをマークして「落合・中日」1年目のリーグ制覇に貢献した。以降「守護神」として、「落合・中日」4度のリーグ優勝、日本一1度の原動力になった。

ストッパーである前に、岩瀬は「投手として一番大事なものはコントロール」と考える。コントロールがよいということは、技術ばかりか、心や体をコントロールできるということである。

「ストッパー3傑」である通算407セーブの岩瀬、日米通算

381セーブの佐々木主浩（横浜ほか）、日米通算313セーブの高津臣吾（ヤクルトほか）の「9イニング平均与四球」と「9イニング平均奪三振」を比較した。
岩瀬は2・23与四球、7・68奪三振。佐々木は3・25与四球、11・56奪三振。高津は3・09与四球、7・11奪三振。岩瀬のコントロールのよさは圧倒的だ。

「投手に一番大事なのは『スピード』『コントロール』『緩急（変化球）』の3つうちのどれか？」という質問をよく受ける。そんなとき僕は「コントロール」と答える。

なぜなら、まず四球を出さないことが大事だ。打者と勝負にいけば、安打を打たれても3割。しかし、四球を出せば、相手に無条件に塁を与え、ピンチを広げることにつながる。

ストッパーには「ピンチに動じないマウンド度胸が必要」だと、これもよく言われることだ。

しかし、「ピンチになってこそ逆に力を出せる投手」はいる。実は自分がそうなのだ。ピンチになると、集中力が高まる。「火事場の馬鹿力」ではないが、ピンチになって初めてそういう力が湧《わ》き出てくる感覚が、僕にはすごくあった。だから走者がいないときは、言い方は悪いが、そんなに目一杯投げていない。つまり、「ピンチにならないと別の力が働かない」のだ。そうでないと、長いシーズン、やっていけない。全部の場面に全力を出していたら、たぶん体がもたない。

ピンチを作らないで終わると、次の日もかなりいい状態で投げられる。だが、ピンチを作って「火事場の馬鹿力」を少しでも使うと、やはり次の日に反動が出る。「火事場の馬鹿力」は、強力な反面、多大なエネルギーを消耗するということだ。その感覚は自分がストッパーをやっていく中で徐々につかんだものだ。

もちろん、点差も関係してくる。例えばその9回1イニングで同じ15球をほうるにしても、1点差の場合は走者を1人も出したくない気持ちで投げるが、2点～3点リードがあったら走者を出しても慌てる必要はない。プレッシャーを感じて投げるときと、あまり感じないで投げるときがある。後者は、いわゆる「省エネ」で打者を抑えたい気持ちになる。

02

ストッパーに最も必要な条件は「決め球」である

――05年、岩瀬はストッパー2年目にして、佐々木主浩（横浜）を破る日本最多46セーブをマークした。しかも、60試合登板で「被本塁打0」は驚異の一語に尽きる。

07年の藤川球児（阪神）が最多タイ46セーブで被本塁打2、17年のサファテ（ソフトバンク）は日本新記録54セーブで被本塁打3だった。藤川は浮き上がる「火の玉ストレート」が武器だったし、サファテは長身から角度をつけた「ミートの接点の少ないストレート」（鶴岡慎也捕手談）が武器だった。

谷繁元信は「自分が受けてきた中で、佐々木さんがフォークボールはナンバーワン、岩瀬は左投手ナンバーワンのスライダーとシュートだった」と評する。高津のシンカーも絶対的切り札だった。代表的なストッパー全員が、代名詞とも言うべき「球種」を持っている。

ストッパーに必要な「条件」は、まず「決め球」を持っていることだ。球は速いにこしたことはないが、球速は絶対ではない。ストレート以外で何か1つ、自信のある球種を持つのがいい。

1回目の「肩の作り」は、ブルペンで13、14球投げるが、全力では投げない。ストレート以外に、スライダー、シュート、自分がそのとき感触がよい球種をほうる。例えば、フォーク、シンカー、カーブなど、僕はブルペンでいろいろ試していた。

基本、僕の持ち球はストレート、スライダー、シュート。つまりストレートに、速い変化球2つで、緩急があまりない。少し抜いた「中間球」があれば、打者の目先を変えられて投球はもっと楽になる。

春のキャンプ中に一生懸命練習して、モノにしようとする。だが、開幕が近づ

く と次第に腕の振りを強くしていく。この世界、結局どれだけ腕をしっかり振って投げられるか。変化球を投げるために腕の振りが少しでも緩《ゆる》んでしまうと、打者に察知されて通用しない。だからキャンプで腕の振りを加減しながら試していて、中途半端に終わった球種も実はいくつかあるのだ。

逆に言えば、球種を増やそうという余計なことを考えなければ、僕は現役をもう少し長く続けられたかもしれない。そのストレート、スライダー、シュートの3球種だけのブラッシュアップを追求していたほうが、投球自体は乱れないで精度は高まったかもしれない。

1つ覚えることで、これまでの感覚は少しずつ鈍るし、いいものが消えたりもする。球種を増やすか、少ない球種を磨くか、その兼ね合いが投手にとって実に難しい。

例えば僕の場合、高校・大学時代のカーブを、社会人時代にスライダーを覚えたことで投げ方を忘れてしまった。

プロでは、右打者への外角ボール球からストライクになる「外スラ」を04年〜05年ころから使い始めた。同い年の黒田博樹投手（広島ほか）がメジャーリーグから帰ってきた15年に日本球界で広めた、今でいう「バックドア」だ。

やっている投手がいないと、最初は三振がたくさん取れるし、こんな楽なことはないと思う（笑）。ただ、だんだん「外スラ」を投げる投手が増え、打者も「外スラ」があることを認識すると、同じように打ち取れなくなる。相手も研究を重ねてくる。そして気づけば、本来の内角スライダーは少し弱くなっていた。

自分自身も研究し、自《みず》らの投球スタイルを徐々に変えていく。若いころは力任せに打者を抑えていた。だんだん年齢を重ね30歳近くになって、力だけでは抑えられなくなるのは分かっていた。

だから「外スラ」やシュートなど、力で抑えていたのを、次第にコントロール重視に移行していく。今度はボールとストライクの「出し入れ」の部分で抑えていく。打者に悟られないように、スタイルをどんどん変えていく。

「オフはデータを研究し尽くすのですか。そうでなければ、あんなに長い期間、活躍できないですよね」とよく尋ねられる。僕の場合、データを研究し尽くすことはないが、「打たれたこと」は自分の脳裏に深く刻み込まれている。

――04年アテネ五輪で岩瀬は、同じ左腕のリリーバーでありスライダーを武器にする石井弘寿（ヤクルト）とチームメイトになった。「岩瀬さんの『ボールとストライクの出し入れ』をお手本にしている」と語った石井は、05年に61試合37セーブを挙げている。岩瀬は打者だけでなく、投手からも研究、手本にされていたのだ（05年は岩瀬が46

一セーブを挙げ、「最多セーブ」）。

03

ブルペン＋マウンド＝22球の投球練習「球数マネジメント」

次に「すぐに体（肩）が作れること」。グラウンドとブルペンが分かれている球場では、試合状況が映るモニターを観ながら体を作る。僕の場合、1回目の「作り」は先述のように13、14球だった。そのくらい投げれば、もういつでもマウンドにいける。マウンドでの8球の投球練習も計算済みだ。あとは心をどう臨戦態勢に持っていくか。

（**編集部注**／公認野球規則「準備投球」＝プロ野球の現在の投球練習は時間短縮のため5球。）

先発投手は当然、「1試合を長く投げる」肩のスタミナが必要となるだろうが、僕らリリーバーは「毎日でも連投できる」肩のスタミナが必要になってくる。毎日投げる中で、肩の作りも少なくしないといけない。ブルペンで球数を多く投げてしまったら、肩のスタミナを消費してしまうことになる。

最近はヤクルトが「球数マネジメント」でリリーフ投手も3連投までに制限している。僕らの時代は3連投、4連投は当然だったたし、僕が中継ぎをやっていた時代はさらに「イニングまたぎ」も普通だった。野球の形態はどんどん変わってきている。どれが正解か分からないが、間違いなく言えるのは、「球数マネジメント」をすればケガが少なくなることだ。

04

本音はマウンドにいきたくないが、「もう1人の岩瀬」が出現する

――岩瀬のニックネームは「マンちゃん」。そう呼ばれ、チームメイトから親しまれていた。名づけ親は野口茂樹だ。命名の由来は、漫画『さわやか万太郎』の主人公からだとか、テレビドラマ『男一番！タメゴロー』の西尾満太郎からだとか、諸説ある。

谷繁元信や落合英二も岩瀬を「マンちゃん」と呼ぶ。いずれにせよ、ふだんは普通の人よりかなり大人しい岩瀬が、「ピッチャー・岩瀬」のアナウンスを境に「守護神」に変身して、マウンドに仁王立ちする。

このギャップが岩瀬の1つの魅力だ。岩瀬は野球を「8回までのス

ポーツ」に変えてしまった。登場時、相手チームやファンの嘆息を肌で感じるのは、かなり快感に違いない。

そう思っている人はさぞかし多いことだろう（苦笑）。だが実際、本人からすれば全然違う。

毎日球場に向かうとき、いつも「きょうは投げたくない」と思っていた。球場に着いても、投げたいと思ったことは正直1度もない。それどころか「お願いだから、俺の名前を呼ばないでくれ」「マウンドにいきたくない」とさえ思っていた。

それでもモニターで試合の展開を観ていて、「きょうは出番があるな」と思ったら、少しずつ出番の形を整えていく。いざブルペンの電話が鳴って、「次、いくぞ」となったら、そこで初めてスイッチが入る。覚悟を決める。「もう1人の岩瀬」が出てきてくれるのだ。

05 「隠し力《ちから》」の出しどころ

――投手として1002試合もマウンドに登り、407度も「勝利の握手」をしている日本一の守護神でも、内心は怖さを感じていた事実が意外であり、実に興味深い。

緊張感あふれる仕事場で実力を発揮できずに悩むビジネスパーソンは、岩瀬の本音を知れば、「守護神でさえそうなのだから」と、勇気づけられるはずだ。

さて、「セーブがつく」状況を簡単に説明するなら「本塁打を2本

打たれたら同点、または逆転される」場面である。ストッパーのタイプとして、岩瀬は例えば3点リードの場面、「0点に抑える」タイプなのか、「2点はあげていい」タイプなのか。

「3点リード」があったら、「0点に抑えるぞ」というより、「2点はあげていい」と考える。そうしてあげないと、自分が可哀想《かわいそう》だ。体も心も到底もたない。「2点あげていいよ」と言われても、本心は1点もあげたくない。あげたくないが、まず「最低限の仕事は勝つこと」を前提にやっているから、要は勝てばいい。

その代わり、追いつかれたら自分の責任になる。だから1点差だったら当然0点で抑えなくてはいけないし、点差なりの投球になる。ただ、全部が全部0点で抑えようとしたら、どこかでパンクする。ケガをしてしまう。

最終的にストッパーに一番大事なのは、「1年間マウンドを守り切る」こと。そこから逆算すると、全部を0点で抑えようという発想は自然となくなる。いい意味で、どこかで「抜く」ことも必要になってくるし、余裕があるときはいかに省エネでマウンドを終わらせるか、打者を出塁させても本塁に還さなければいい。そういう考え方になる。

すべてを全力でいけばピンチのときに力を出せなくなるし、逆にピンチになって初めて「火事場の馬鹿力」が出せるのは、そういうところにある。集中力はやはり限られている。そんなに長くは続かない。ここぞという場面に取っておかないと、いざピンチのときに枯渇《こかつ》して出てこない。

僕は9回を迎えても、打者を出塁させても、まだ土壇場《どたんば》だとは思っていない。一打同点のピンチになって、蓄えておいた力を初めて出すのだ。自分では「隠し力《ぢから》」と呼んでいる。

――「ストッパーのパイオニア」江夏豊（阪神、広島ほか）。先発時代は334試合で「9イニング平均与四球」が2・45個、防御率2・32だった。対して、「コントロールを重視した」と本人が語るストッパー時代は495試合で「9イニング平均与四球」は2・94個、防御率2・77。

3点をメドに完投をめざした先発時代より、コントロールと失点に気をつけたストッパー時代のほうが、与四球率と防御率がよくない。つまり、ストッパー時代は苦手な打者をあえて四球で出塁させたり、点を与えたとしても、勝つことに注力した数字が如実に表れている。

「なまじ79年『江夏の21球』で無死満塁を0点に抑えたばかりに、『江夏ならどんな場面でも0点に抑えてくれる』という周囲の期待感と〈プレッシャーが大変だった」(江夏)と胸中を吐露している。

06

ストッパー哲学は「勝ちを、勝ちで終わらせる」

──先述したように、岩瀬はストッパー1年目の04年に22セーブを挙げ優勝に貢献。05年に46セーブを挙げ、佐々木主浩(横浜)の45セーブを破るセーブ日本記録を樹立した。

例えば、高津臣吾(ヤクルト)は93年プロ初セーブの試合、高校出1年目の松井秀喜(巨人)にストレートを本塁打され、決め球・シンカーをもっと磨く決意をした。

藤川球児(阪神)は05年に8点リードの場面で、通算500号がか

かった清原和博（当時・巨人）にフォークボールを投げて非難され、決め球・ストレートをさらに磨く決心をした。この出来事を経た藤川は07年、岩瀬に並ぶ46セーブの日本タイ記録をマークした。

ストッパー人生における岩瀬のターニングポイントは、いったいいつだったのだろう。

04年はケガ（左足中指骨折）をして最初全然ダメだった。でも、6月くらいから1軍に昇格、8月のアテネ五輪に出場し、帰国したころには「ストッパーでやっていける」自信めいたものが芽生えた。なぜなら、（アテネ五輪投手陣11人中で最多の）5試合に登板し、防御率0・00。並みいる外国人の強打者に決め球・スライダーを当てられる気がしなかったからだ。

「ストッパー哲学」を語るとすれば、「勝って渡されたものを勝ちで終わらせること」だ。そして、サイン色紙に座右の銘やモットーを頼まれたときは「継続は力なり」と書く。

「継続する」ということは、ケガをしないでストッパーを続けていること。続けてやることで信頼を得て、みんなが評価してくれる。9年連続30セーブしかり、15年連続50試合登板しかり、だと思う。

のちに09年の序盤、右腕がしびれて上がらなくなった。原因は分からずじまいだが、いまだにその後遺症が残って、右手の指がずっとしびれている。ずっと投げ続けていると、どこかに負担がくるのかもしれない。

07

記憶に残る救援登板BEST3。「抑えて当たり前」に立腹

――ペナントレースで通算407セーブ、それ以外にもクライマックスシリーズ、日本シリーズと大事な場面を任されてきた。これまでの「ストッパーのマウンド」で印象深い試合を3つ尋ねた。それぞれの登板の背景に、「絶対的ストッパー」の心の叫びを聞いた気がする。

まず印象深いのは05年10月1日の広島戦（ナゴヤドーム）で挙げた46セーブ目。それまでの日本記録は98年佐々木主浩さん（横浜）の45セーブ。先述したように、ストッパー役を拝命する以前、僕は「ストッパーと言えば大魔神・佐々木」のイメージを抱いていた。

その佐々木さんを僕が抜くのだ。それまでは記録なんてまったく意識したことがなかった僕が、初めて記録を意識しながらマウンドに上がった。9回表二死一・二塁、その年の本塁打王に輝く新井貴浩選手を左飛に打ち取って、思わずガッツポーズを作ったのだ。

次は、06年10月10日の巨人戦（東京ドーム）で、中日がリーグ優勝を決めた試合。延長11回裏、3対3の場面で僕がリリーフ。12回表、その年の首位打者を獲る福留孝介（MVP）のタイムリーヒットで勝ち越し、タイロン・ウッズ（本塁打王、打点王）の47号満塁弾で9対3と大差がついた。ダグアウト内は、まさにお祭り騒ぎになった。

しかし、僕は「イニングまたぎ」で12回裏の最後のマウンドに向かわなくてはならない。その試合の先発投手で、ダグアウトにいた（川上）憲伸《けんしん》に向かって僕は思わず、つぶやいた。

「憲伸、まだ裏が残っているのに、なんでみんな勝ったように喜んでるの？　俺が打たれたら、どうするつもりなんだろう？」

「そりゃあ岩瀬さんがいるからですよ。岩瀬さんに任せておけば大丈夫ですから」


周りはそう思っているかもしれないが、僕本人からしたら不満だった。

（最後を投げる人間の身にもなってくれ。抑えて当たり前ほど難しいものはない。抑えて当たり前なんて絶対にありえない。こっちは1試合1試合必死に抑えてきた。その繰り返し。抑えて当たり前なんて、そんなに簡単に片付けられたら困るんだ。）

ふだんはそういうことはないが、あまりにも全員がもう勝った気分でいた。僕は臨戦態勢のスイッチが入っていたのだが、初めて素に戻ってしまった。

とはいえ、やはり優勝の瞬間は格別だ。苦労と労力が報われる。

08
07年日本一を決めた「継投・完全試合」

そして3つ目。07年、ペナントレース2位からクライマックスシリーズを勝ち上がった日本シリーズ。日本一をつかみ取った、あの「継投・完全試合」に触れないわけにはいかない。みんな、あのときの僕の心境に興味があるだろう。当時の関係者の感想も列挙しておく。

「継投・完全試合」
【2007年11月1日　日本シリーズ第5戦（ナゴヤドーム）】

日本ハム000　000　000＝0
中　　日010　000　00×＝1

○山井　　1勝0敗　S＝岩瀬2S
●ダルビッシュ1勝1敗

【戦評】

中日の3勝1敗で迎えた第5戦。中日が平田良介の犠飛で先制。中日の先発・山井大介は8回まで日本ハム打線を無安打無四球に封じていた。9回に岩瀬が登板。先頭打者の金子誠を外角スライダーで三振。代打・高橋信二をスライダーでレフトフライ。小谷野栄一を二塁ゴロ。「継投・完全試合」を達成。セ・リーグ2位の中日が、53年ぶり日本一に輝いた。

・**山井大介**「自分に完全試合目前の好投をさせてくれたのは、味方の守備。5回セギノールの打球を難なく処理した井端弘和さんの守備はその最たるもの。だから最後は、シーズンを通して抑え役の岩瀬さんで終わるべきだと思った」（Nu mber Webより抜粋）

・**森繁和コーチ**「投手経験者として、ふだんの試合なら本人が嫌《いや》だと言ってもマウンドにいかせるが、日本一を1イニングで変えてしまいかねない状況で葛藤《かっとう》した。山井の『岩瀬さんにお願いします』の言葉に救われ、正直ホッとした」（著書『参謀』ほかより抜粋）

「もし、このイニングに失点するようなことがあれば、想像を絶するような批判にさらされるだろう。落合と森が道づれにしたのだ。森は岩瀬にボールを手渡すと、こう言った。『すまん』」（鈴木忠平『嫌われた監督』より抜粋）

・**落合博満監督**「記録やタイトルが選手を大きく成長させる意味からすれば山井の完全試合を見たかったが、監督として53年ぶり日本一への最善策を取った。それにしても、あそこで投げろと言われた岩瀬はキツかっただろう」（著書『采配』

より抜粋）

「二〇〇四年の（日本）シリーズで岡本（真也）を代えようとしただろう。でも、そのシーズンに頑張った選手だからって続投させた（中略）。でもな、負けてわかったよ（カブレラに満塁弾を浴び、最終的に三勝四敗）。それまでどれだけ尽くしてきた選手でも、ある意味で切り捨てる非情さが必要だったんだ」（鈴木忠平『嫌われた監督』より抜粋）

・**山本昌**「6回。山井の指の皮がペロンとむけていた。それからさらに2イニング投げたのだ。ユニフォームのズボンについた血を見た落合監督が決断したことになっているが、あれは山井本人が申し出た交代だ」（著書『奇跡の投手人生50の告白』より抜粋）

・**岩瀬仁紀**「すごいプレッシャーで、正直投げたくない自分もいた。いつもなら点を取られずに1イニングを抑えることを考えるが、(点どころか)1人でも走者を出したら、自分は批判を浴びると思った」

あの試合から15年を経た。今思い返しても「投げたくなかった」思いが沸々《ふつふつ》と湧《わ》き上がってくる。山井が完全試合を達成して勝っても、僕が抑えて勝っても日本一に変わりはない。自分としては、大記録を継続中の投手に代わって、打たれでもしたらどれだけ批判を浴びるか想像できた。四球で1人でも走者を出したら、継投自体が全否定されたかもしれない。

だから、是が非でも完全試合をやらなければいけない状況だった。結局、「継投・完全試合」で終わったが、それでも翌日あれだけの批判を浴び、悪者《わるもの》扱いされてしまった。

「完全試合の偉業に挑む投手を交代させるのはいかがなものか」

翌日以降のワイドショーでも、まるで僕が最後のマウンドに登りたくて出ていったようになっていた。抑えて勝って日本一になっても非難されるのだから、あそこで打たれていたらどうなっていたことか。考えるだけで恐ろしい。

思えば、交代を告げられたときは、もうマウンドにいくしかなかったので腹をくくった。自分のやるべきことをしっかりやるしかない。最善を尽くすしかなかった。

マウンドに上がっても、いつもならスタンドから歓声が起きるところ、案の定、ざわついていて、肩と気持ちを作っていても、すごくイヤだった。

あれが歓声だったら「よーし！」という気持ちになるのに、ざわめきの中で投げるのは、ストッパーからしたら不思議な気分だった。いつもなら歓声が力を与えてくれる。力を与えてくれない中、自分で気分を高めないといけなかった。

9回表は先頭打者の金子選手を外角スライダーで三振。代打・高橋選手をレフトフライ。小谷野選手を二塁ゴロに打ち取ってゲームセット、日本一。ナインがマウンドに突進してきた。

それにしても、代えられたのはこちらだ。何回同じ場面があったとしても、自分でいきたいなんてまったく思わないだろう。でも実際問題、3人で終われてよかった。

（なんでホッとしないといけないんだろう）

53年ぶり悲願の日本一の嬉しさよりも、安堵《あんど》感と脱力感が半端ではなく、喜べないのが率直な気持ちだった（苦笑）。

——佐々木主浩は「継投・完全試合」を評して、「あの状況でマウン

ドに登るのはイヤだな」と答えている。

高津臣吾（ヤクルト）は、97年横浜戦でノーヒットノーランを継続中の石井一久がブルペンに電話をかけてきて「代わります」と伝えられた。高津は「それはないだろう」と返答し、石井は投げ切ってノーヒットノーランを達成した。

09

ストッパー冥利《みょうり》に尽きる「胴上げ投手」

――「出場1000試合」というのは、言うまでもなく投手では初めてだが、思わず「打者の成績じゃないの？」と見紛《みまご》う数字だ。

米田哲也（阪急→阪神→近鉄）の949試合や金田正一（国鉄→巨

人）の944試合を更新した。
「中継ぎの第一人者」宮西尚生《なおき》（日本ハム）の「シーズン50試合登板」が14年連続で途切れたが、岩瀬は「シーズン50試合登板」をプロ入りから15年続けた。

また、30セーブを9年連続マーク。「投手の名球会入りはかなり難しい」と言われる昨今、これだけで「名球会入り」の通算250セーブをクリアする卓越した成績である。

どのチームでもストッパーがいるが、岩瀬は当時12球団中のナンバーワン、そして歴代ナンバーワンの「守護神」なのである。そんな岩瀬が「ストッパー冥利に尽きる」瞬間とは？

「ストッパー冥利に尽きる」のは、やはり優勝できたとき。それに徹してずっとやっているわけだから。04年・06年・10年・11年とリーグ優勝を遂げている。ストッパー冥利に尽きた。嬉しかった。だが、実は「胴上げ投手」になった記憶が、なぜかない。

ストッパーの僕が実際に最後のマウンドにいた「胴上げ投手」だったのか、他の誰かが胴上げ投手だったのか、それとも2位チームが負けての「待ち」で優勝が決まったのか。

（**編集部注**／中日胴上げ投手＝04年2位・ヤクルトの敗戦により優勝決定、06年胴上げ投手・岩瀬、10年2位・阪神の敗戦により優勝決定、11年胴上げ投手・浅尾拓也。）

先述の06年10月10日の巨人戦（東京ドーム）は、確かに僕が「胴上げ投手」になっている。ＹｏｕＴｕｂｅを観ると、最終打者・木村拓也さん（広島→巨人）

のゴロを捕った遊撃・井端弘和がそのまま二塁ベースを踏んでゲームセット。チームメイトが僕に突進してきて、歓喜の輪ができた。

それはよかったのだが、人の波に押しつぶされた。輪がはじけたときに、「胴上げ投手」であるはずの僕は、マウンドの人の波に押し倒されていた（苦笑）。

07年の日本シリーズ「継投・完全試合」の日本一は、先述したように別の意味で覚えている。しかも、記憶にあるのは、安堵感と脱力感だけなのだ（苦笑）。だから僕は、胴上げとは縁のないストッパーだと思っていた。でも、優勝できれば、それでいい。

「守護神、守護神」と言われるが、「言われているうちが華」だと思う。周囲は「守護神」「ストッパー」「リリーフエース」「切り札」だと持ち上げてくれるが、僕はめざしているところが違う。他の人と比べてやっているわけではない。ただ、自分の持ち場をこなしているだけ。

ストッパーというポジションはチームに1つであって、それを例えばケガなどで他人に明け渡したら自分が戻れる保証はない。自分よりも安定感ある投手が出てきたら、取って代わられる可能性だってある。だから「明け渡せない」と、ずっと思ってやってきたのだ。

つまり、「ストッパー冥利に尽きる」のは「優勝の瞬間」だが、僕は「胴上げ投手」に縁がない。そしてチームに1つの「ストッパー」という地位を守るのに安閑《あんかん》としてはいられなかった。難しいものであったことを今さらながら実感している。

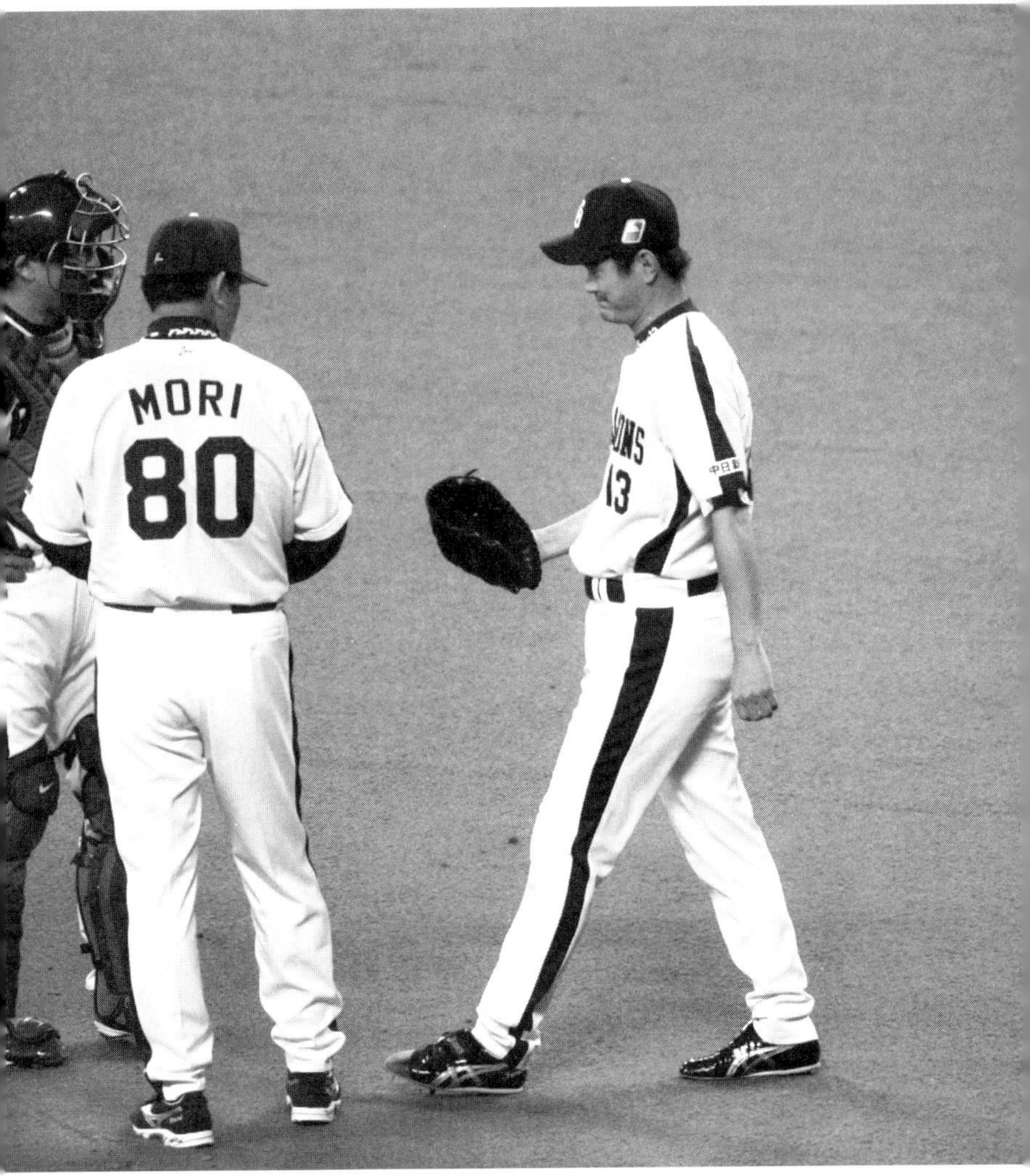

07年11月1日、日本シリーズ対日本ハム第5戦。
シリーズ史上に残る「継投・完全試合」のマウンドに登る。
この継投あってこそ、中日53年ぶり日本一は成就した。

INNING 3

ストッパーの心理

01

わずか5分のマウンドでも興奮して寝つけない

──「勝利と敗北の背中合わせ」の重要な局面に置かれるのが、ストッパーの使命だ。打線の頑張り、先発・中継ぎの踏ん張りのすべてが、最後は「わずか5〜10分、15球前後」のストッパーの双肩に集約される。

江夏豊は「興奮して寝つけない夜は、司馬遼太郎の『燃えよ剣』を読んで心を鎮《しず》めた」。

高津臣吾も「禿《は》げそう」だと現役時代、プレッシャーにさいなまれる胸中を吐露した。かくも重圧がかかるストッパー稼業。岩瀬はどうだったのか。

僕もそうだった。1点差、特に1対0の試合で、9回にピンチを作ったときなど、アドレナリンがかなり出ているのだろう。興奮状態が収まらない。抑えても気分が高揚《こうよう》していて眠れない。円形脱毛症になったこともある。

18時試合開始で試合終了が21時少し過ぎ。自宅に帰宅して一息つくのが23時過ぎ。お酒が飲める人は、飲んだ勢いで寝ることもできるだろうが、僕は飲めないので大変だった。なんだかんだ言って、疲労回復にはやはり睡眠が一番大事だから。

眠ろう、眠ろうと思うほど、眠れなくなる連鎖。それでも何とか眠らなくてはと、遠征には「マイ枕」を持参した。しっかりと見入るわけではないが、好きなアニメの「ワンピース」や「ドラゴンボール」などのDVDをつけっぱなしで横になる。いわゆるＢＧＭ代わりにすると、心が安らいで意外と寝つきがよいことを発見した。

「孤独のマウンド」を思ってしまうのか、静寂《せいじゃく》の中で眠れない体になっていた。

「終わったことは仕方ない」——逆に打たれたときの方が、張り詰めていた緊張感が途切れる。積み重ねてきたものが無理やり崩されるような感覚。それに伴って一気に疲れが噴出し、体が重くなる。睡魔に襲われる。相手打線を抑えているときは、自分にどれだけ疲労が蓄積しているのか見当もつかないのだ。

——「眠れる日」（敗戦）は、シーズンわずか2夜か3夜だけ（2敗〜3敗）。ストッパーを務めた15年間は「眠れぬ日々」が続いた。岩瀬の「睡眠不足」は中日にとって勝利を意味したが、本人にとっては

――大変だった。

打たれたことで眠れても、打たれたら打たれたで、気分を切り替えることは難しい。それに「9回のマウンド」に向かう前は、「打たれたらどうしよう」と、ずっと思っている。「守護神」と呼ばれて、周囲は「絶対無敵」「ふてぶてしい」と思っているかもしれないが、実は弱気な部分が多いと思う。

例えばサヨナラ打を打たれたシーンは、心と脳裏にけっこう残ってしまう。しかし払拭《ふっしょく》しないと、打たれた打者にまたやられてしまう。中継ぎ投手とストッパーは、連続して打たれるとダメージが増幅し、立ち直るに立ち直れなくなってしまう。

いかに引きずらないか。だから「次の対戦では、どうやって立ち向かっていくか」を考えておかないといけない。打たれた次の試合に限っては「絶対に0点に抑えてベンチに帰る」という強い意気込みで僕は臨んだ。

「9回のマウンド」は、「やるか、やられるか」。「ピッチャー・岩瀬」のアナウンスがひとたび球場に流れたら、負の要素を1つでも入れたら、やられてしまう。

ストッパーの気分転換法は、正直言って、ない。シーズン中はそういうもの。それがストッパーというポジション、職業なのだ。僕はそう腹をくくっていた。

02

実力を発揮するコツは、スイッチのオン・オフ

――試合展開を見ながら9回までどうやって気分を高めていくのか？一般企業で言えば、「仕事を引き継がされて、最後をうまくまとめてくれ」という状況だろうか。気分が乗らなくても仕事の責任は問われ、実に難しい。

いや、そんなに難しく考えることはない。急に「いくぞ」と言われても、結局、スイッチを入れるか入れないかの問題。要するに「慣れ」なのだ。経験でつかんでいけばいい。

逆に、僅差で登板のつもりでいたのに、味方が2点～3点取って急に登板しなくなったときのほうがストレスはたまる。チームにとってはいいことだから、ジッと耐えるしかない（苦笑）。

自分がやるべきことの最善を尽くせば、失敗するにせよ成功するにせよ、打たれようと抑えようと、悔いは残らない。

例えば3連投して抑えるときと、登板が中3日空《あ》いて抑えるときと、抑えたこと自体は同じ1セーブでも、中身は全然違う。常に中2日くらいで投げていれば肩と体の調子もよくて一番抑えやすい。だが、えてしてチームが勝っているときは連投するし、チームが負けているときは登板間隔が空《あ》くものなのだ。

自分で投げる試合を選べるわけでもない。「肩が張っているから投げたくない」ときでも投げなくてはいけないし、「今すごく調子がいい」ときでも試合展開上、ストッパーの出番がない場合もある。だから悔やまないよう、常にそのときの最善が尽くせればいいという考えでやるしかない。

自分が納得できるか否か。「納得感」の問題だ。自分が納得さえすれば、次に向かえる。それこそ、プロ野球選手もビジネスパーソンも同じではないか。

――先発投手は、1回先頭打者からシミュレーションすると言うが、ストッパーは「9回一死一・三塁」とか、「9回二死満塁」とかシミュレーションをするものなのだろうか。

ストッパーでも当然、試合状況や展開を事前に考える。最終的には成功するイメージだけを頭に焼きつける。だが、「ピンチをここまでにとどめておく」という意味で、成功するためには最悪なケースも考える。

「2人まで打者を出塁させていいが、この打者には回したくない」など、いろいろなことを想定しておく。最悪のケースを考えることは、ピンチになっても慌てずに済むということだ。

INNING 4

ストッパーの技術

01

「横軸の変化」である伝家の宝刀・スライダー

——岩瀬の「伝家の宝刀」は、「死の鎌《かま》」の異名を取ったスライダーである。右打者のかなり近いところまできて大きく曲がり始め、打者のヒザ元まで回り込んでいく。背番号「13」（タロットカードで「死神」のカード番号）にちなんでマスコミが名づけた。

長年にわたりバッテリーを組んだ谷繁元信捕手は岩瀬をこう評する。

「岩瀬のストレートは超一級品。受けてきた左投手の中でスライダーとシュートはナンバーワンだ。右打者の内角にスライダーを投げておけば、空振りか、三塁線にファウルか、詰まってボテボテのゴロ

になった。もしくは右打者には、内角ストレートと外角シュートのコンビネーションで大丈夫だった。後年、外角ボール球からストライクになるスライダーを勧めた」

同じ左のストッパーだった江夏豊は、岩瀬の投球についてこう語る。

「左投手の最大の武器は、『右打者の外角へのシンカーだ』とよく言われるが、本当の武器はその前にいかに右打者の胸元を攻められるかに尽きる。鈴木啓示《けいし》さん（近鉄）、工藤公康（西武ほか）しかり、岩瀬君しかりだ」

岩瀬は決め球・スライダーをいかにして習得したのか。

高校時代はスライダーよりカーブがよかった。いつしか、だんだんカーブが曲がらなくなった。カーブの投げ方を忘れてしまってから、決め球の変化球はスラ

イダーになった。

大学時代は3年秋から4年秋までに8勝を挙げたが、スライダーがよくなったのは社会人野球時代だ。

NTT東海の投手コーチ・森昌彦さん（アトランタ五輪銀メダリスト）に高速スライダーを教わった。

先述したように、スライダーを武器にして社会人2年目には名門「日本石油」（現・ENEOS）や「三菱ふそう川崎」（旧・三菱自動車川崎）を立て続けに完封し、新日鉄名古屋の補強選手として都市対抗野球に出場した。プロのスカウトの目に留まることになったのはスライダーのおかげだ。

プロ入り1年目はストレートとスライダーを軸に、中継ぎで2ケタ勝利を挙げた。同じ年の新人では上原浩治投手（巨人）がストレートとフォークボールを武器に20勝。上原投手は、新人王はもちろん、沢村栄治賞や最多勝、投手の賞という賞を総なめにした。

僕がシュートを投げ始めたのはプロ入り2年目からだ。投手コーチに覚えるように指示されたわけではない。自分の中でやはりスライダーだけでは苦しいと感じた。

シュートは、もともと自分の持ち球の1つではあったが、自信がなくて使っていなかった。スライダーを持っているなら、効果的なのは、反対方向に曲がる球種を磨くのが一番いいだろうと考えた。スライダーとシュートのコンビネーションとして使える。

プロの投手の中には石井一久さん（ヤクルト→メジャー→西武、現・楽天監督）のように、指先の感覚がすぐれていて、少し練習するだけですぐ球種を習得できる人もいる。

僕の場合、速い変化の球種の習得には対応できたが、遅い変化の球種は苦手だった。遅い変化とは、同じ左投手で例を挙げれば山本昌さん（中日）のスクリューボールや石川雅規投手（ヤクルト）のシンカーのような、いわゆる「抜く変化球」だ。


簡単に言えば、投手というのは「横軸中心の投手」と「縦軸中心の投手」に大別される。横軸中心の投手というのは、例えばスライダーにしてもシュートにしても横の変化の球種には強いが、縦の変化の球種に弱い投げ方だ。一方、縦軸中心の投手というのは、落ちるボールとかカーブは得意だが、横に曲がる球種は苦手なのだ。

体の使い方や投げ方からして普通はどちらかで、横も縦も両方大丈夫というのは難しいものだ。投げられたとしても、決め球にするほどの球種には至らない。

02

大事なのは「実戦でストライクを先行させる」コントロール

――もう1度、「ストッパー3傑」である通算407セーブの岩瀬、日米通算381セーブの佐々木主浩（横浜ほか）、日米通算313セーブの高津臣吾（ヤクルトほか）の「9イニング平均与四球」と「9イニング平均奪三振」を比較する。

岩瀬は2・23与四球、7・68奪三振。佐々木は3・25与四球、11・56奪三振。高津は3・09与四球、7・11奪三振。岩瀬のコントロールのよさは抜群だ。

「精密機械」の異名を取った伝説の大投手・小山正明（阪神ほか＝

通算320勝）は9イニング平均与四球1・80個、「神様・仏様・稲尾様」の稲尾和久（西鉄＝通算276勝）も9イニング平均与四球1・80個。岩瀬は自分自身の「投球スタイル」をどう見ているのか。

僕は三振を取る投手ではない。三振を取りにいくと、結局は球数を要する。プロ入り当初、中継ぎ投手時代の5年間は三振を狙っていた。奪三振数が投球回数を上回るシーズンもあった**【P5表1参照】**。

だが、三振狙いの投球スタイルでは、やはり長い1シーズンを考えた場合、体がもたない。なら、どうやって球数を減らすかと考えたとき、「打たせて取る」ことが一番簡単だ。

当然のことだが、1イニング3アウトを全部三振で取るには最低9球かかるが、打たせて取れば3球で終わることもある。

先発投手においても、100球以内で完封して勝つ「マダックス」達成は、三振を多く奪う本格派投手より、コントロールよく打たせて取る技巧派投手に多いのは、そのためだ。

ただ、なぜ僕に「打たせて取る」投球ができたかと言えば、「チームの守備がいいから」だった**【P31参照】**。だから「打たせよう」という発想にいき着いた。

僕の現役時代の中日の守備陣は内外野とも奮っていた。

捕手・谷繁元信さん、二塁・荒木雅博、三塁・立浪和義さん、中村紀洋さん、遊撃・井端弘和、外野・（蔵本）英智《ひでのり》、福留孝介、大島洋平……。ゴールデングラブ常連がズラリと顔をそろえる**【P6表2参照】**。

次に、打たせて取るには何が必要かと考えた場合、「コントロール」になる。

先ほども「投手に一番大事なのはコントロール」だと話した。ある程度、狙ったところに投げられる自信がなければ、打たせて取ることもできない。僕はコントロールに自信がついてから、徐々に「打たせて取る」スタイルに切り替えていった。

「コントロールを磨く」のに必要なのは、練習ではない。実戦だ。練習では、打者も打席に立っていなければ、ボールカウントもない。ただ投げているだけの感覚であり、実戦では何の役にも立たない。「本当のコントロール」が身につくのは実戦の真剣勝負の中なのだ。

もちろん、ふだんのブルペンの練習でもコントロールを磨く感覚を養う。「ライン出し」を繰り返して投球フォームを固めるのだ。「ライン出し」とは、投球が内角なら内角、外角なら外角に間違えないでいくように、体を使って投げる感覚を養うこと。コースの投げ分けだ。

今だからこそ明かすが、僕は右手にはめたグラブをアンテナ代わりにするイメージで、グラブを「内角」「外角」「高め」「低め」に向けた。あとはそこに「はめ込む」だけ。いつか打者にバレるのではないかと冷や冷やしていたが(笑)、最後まで相手チームに気づかれていなかったようだ。

「このへんでボールをリリースしたら、このへんで変化して、こういくな」

実戦の中で、自分で感覚的に分かってこないと、打たせて取ることはできない。

だから「あまいところ」に投げないで、いかにボール球にするか。

ボールが抜けてあまいところにいくのは、投手としての資質がない。

厳しいところを狙って投げたのが、あまいところに抜けるのではない。

厳しいところを狙ったのが、ミスしたときにボール球になるようにする。

実戦で打者がいて、例えばボールが先行した次は、投手はストライクを取りにいく。
ストライクを取りにいく時点であまくなりやすくなる。
ストライクからボールになる厳しい球でも打者は振ってくれない。
あくまでもストライクゾーンにある球を打たせないといけない。
しかし、あまいところにいったら打たれてしまう。
逆に、ストライクが先行すれば、打者はボール球でも振ってくれる。
ボール球でもいいということになる。投げる状況は、まったく変わってくる。
だから、いかにストライクを先行できるかというところにたどり着くのだ。
そこにはメンタルの部分もある。ストライクとは、ファウルでもストライクだ。

だから、いかにファウルになる球を最初に投げられるか。単純なコントロールとはまた違う部分だ。2ストライクまで追い込むのに、空振りは要《い》らないと僕は思っている。

03 右打者にはスライダー、左打者にはシュート

――左投手の岩瀬は、スライダーを軸にして、右打者相手でも苦にしなかった。では、左打者に対する効果的な配球をどう考えていたのか。

左打者に対しては、逆に内角シュートでカウントを稼ぎたいという意識があっ

た。なぜなら、打球が前に飛ばなくてファウルにできるのがシュートだったからだ。打球が前に飛んでも、詰まって二塁ゴロになる。

シュートは左打者の内角に突っ込んでも、結局空振りを取れる球ではなかった。2ストライクに追い込んでからのファウルは球数が増えるだけで、もったいない。だから先に内角シュートでのファウルでカウントを稼いで、外角スライダーで打ち取る。これが、僕の基本的な左打者の打ち取り方だった。

シゲさん(谷繁元信)の話にもあったが、右打者には内角にスライダーを投じてファウルを打たせる。それと同様に、左打者には内角にシュートを投じてファウルを打たせる。これが先ほど触れた「空振りをさせなくても、2ストライクに追い込む」方法なのだ。

最終的には投手と打者の駆け引きの問題だ。持ち球のストレート、スライダー、シュートの中で、打者がどれを狙ってくるのか。僕と打者の駆け引きになる。

僕は探りを入れている段階で、投じた球があまくなって打たれるのが一番後悔する。かといってボール球から入るのも好きではなかった。配球とは、かくも難しいものなのだ。

INNING 5

ストッパーの身体

01

20年間現役の頑丈《がんじょう》さは「突然変異」

──先述のように、「中継ぎの第一人者」である宮西尚生（日本ハム）は「シーズン50試合登板」が14年連続でストップした（22年まで現役15年通算808試合380ホールド）。

岩瀬は15年連続「シーズン50試合登板」、現役20年で通算1002試合407セーブをマーク。しかも、イニングまたぎが多い時代から「中継ぎ」を務め、その後、精神的・肉体的な負担の大きいストッパーを任されている。30歳からの遅咲きストッパーだ。

過去、セ・パ両リーグのストッパーを見ても3年前後で肩ヒジを痛める傾向にある。「無事これ名馬」──岩瀬は肩ヒジのケアを含め、

――どんな調整や体調管理に努めてきたのか。

僕が現役時代の中日は「選手寿命が長い」選手が多かった。

・山本昌（1965年生まれ。現役84年〜2015年＝50歳で引退）
・山﨑武司（1968年生まれ。現役87年〜2013年＝45歳で引退）
・谷繁元信（1970年生まれ。現役89年〜2015年＝45歳で引退）
・和田一浩（1972年生まれ。現役97年〜2015年＝43歳で引退）
・岩瀬仁紀（1974年生まれ。現役99年〜2018年＝44歳で引退）
・荒木雅博（1977年生まれ。現役96年〜2018年＝41歳で引退）
・福留孝介（1977年生まれ。現役99年〜2022年＝45歳で引退）
・山井大介（1978年生まれ。現役2002年〜21年＝43歳で引退）

現役時代の僕は身長181センチ84キロ。どちらかと言えば細身のイメージがあるが、「近くで見るとやはり肩幅は広く筋骨隆々ですね」とよく言われる。血縁にアスリートはいないのだが、体が頑丈なのは、いい意味で「突然変異」なのかもしれない。

ただ、体のケアには人一倍気を使っていた。試合前にトレーナーのマッサージは必ず受けるようにした。試合のない日は、懇意にしていた治療院に通うことを常とした。

オフは、「初動負荷理論」の小山裕史氏の鳥取のトレーニングジムに通った。リラックスした状態において大きな力を自然に出すという理論で、肩甲骨や股関節など、可動域が広がるマシンが多い。トレーニングジムと同じマシンがナゴヤドームにあったので、すごく重宝した。

投手寿命に投球フォームは大きく関係してくるが、僕の場合は肩ヒジにそれほど負担のかかる投げ方ではなかった。左腕を振り上げるテークバック時、後ろで

「トップの位置」を決め、そのまま投げる。ヒジから出すのではない。「後ろで投げる」イメージだ。これが肩ヒジに負担がかからない投球フォームだと僕は考えていた。軸足に体重をのせ、前に突っ込まないことも大事だ。

ただ、体の軸を起点に使う投手だったので、肩ヒジよりも、不調や異状はどうしても中心の軸に出た。首、背中、腰……。シーズン中、ときおり「寝違え」て、人知れず登板を回避することもあったが、長期離脱はなかった。

下半身の筋肉強化において、リリーフ投手は登板イニングが短いので、ウエイトトレーニングで下半身を作り上げてしまう投手もいる。しかし僕は、下半身は基本ランニングで作るものだとの考えを持っていた。

リリーフ投手は2試合3試合の連投も当然、視野に入れなくてはならない。長距離を走って持久力をつけるというよりも、ランニングの最後には約10メートルのショートダッシュを繰り返し、キレを出すことを考えた。

食生活に関しては、ストッパーになった04年ころから魚、野菜中心の食事を心がけ、10年からは禁煙。とは言うものの、神経質には考えない。オフは体重コントロールを気にかけるが、シーズン中にそこまで気にしていたら逆にストレスになってしまう（笑）。

――「名球会」の入会条件は、打者で通算2000安打、投手で通算200勝か250セーブ。「大学―社会人」経由の大器晩成型は、打者では古田敦也（ヤクルト）、宮本慎也（ヤクルト）、和田一浩（西武→中日）がいるが、投手では岩瀬だけである。

一方で、「現役引退」が頭をかすめたことはあったのか？ 岩瀬は

12年（当時38歳）に02年以来の2軍調整を経験。年齢や故障で進退が心配された山本昌（当時47歳）、山﨑武司（44歳）、川上憲伸（37歳）とともに、球団首脳と面談したこともあった。

プロ17年目、41歳の15年は左ヒジの故障で登板0だった。引退を覚悟した岩瀬を思いとどまらせたのは、落合博満の含蓄《がんちく》ある言葉だった。

先ほども言った「継続は力なり」だと思う。ストッパーをやったのもプロ6年目の30歳のシーズンからで、最後は44歳の18年まで現役を続けた。

正直、「引退」の二文字が頭をよぎったのは、左ヒジの故障で1試合も投げなかった15年オフ。どうすべきか、球団におうかがいをたてた。当時の落合GMはこう言った。

「岩瀬、お前はこれまでたくさん投げてきた。1年間投げられなかったくらいで辞める必要はない。もう1度投げられるようになれ。投げてみてダメだったら、そのときは辞めろ」

14年に通算400セーブを達成して、通算889試合登板。米田哲也さん（阪急ほか）が77年から保持していた通算949試合登板とか、通算1000試合登板がモチベーションだったわけではない。

「もう1度、あの1軍のマウンドで、ストッパーとして投げたい！」

その一念だった。

02
中日20年間1432勝の38パーセントに貢献

――1999年から2018年までの岩瀬の現役20年間、通算407セーブ。その間の中日は20年間で合計1432勝している。岩瀬の407セーブは、その1432勝の実に28・4パーセントに相当する。さらに、勝ち星（通算59勝）や中継ぎの通算82ホールドを加えれば、38・3パーセントにも絡む計算になる【P5表1参照】。

この驚異的な数字を岩瀬自身はどう見ているのか。しかも、岩瀬の99年から03年の5年間がパ・リーグ同様、「ホールド制」だったら、岩瀬の通算ホールドは82ではなく、200を超えたとも言われる。

（編集部注／セ・リーグの中継ぎ投手の当時の指標は「リリーフポイント制」だった。）

あの中日の黄金時代、選手個々は「勝つために自分が何をすべきか」「自分の役割をしっかりまっとうしさえすれば優勝できる」と考えていた。チーム打率が高いわけでも、得点力が高いわけでも決してなかった。

ただ、試合の勝ち方は知っていたから、6回まで1点ビハインドでも、なんとなくひっくり返せるのではという雰囲気があった。

だから、僕も自分の仕事をまっとうしただけ。僕はチームが勝つ過程において、たまたまそういう巡り合わせに絡めたのだ。

03

自分を「トヨタの工場化」した

――イチロー（マリナーズほか）は、意図的に同じ行動を繰り返すこと（ルーティーン）により、ノー・ストレスの状態を作り出した。メ

ンタルを安定させることによって野球に集中したそうだ。朝食によくカレーを食べる、同じ音楽を聴く、同じ型のバットを使う、試合後にスパイクを磨くなどだ。山本昌も先発当日は、緊張で食べ物が喉を通らないため、先発当日の昼食にはいつもカレーを食べたという。

岩瀬は何かルーティーンがあったのか？

06年～07年ころから僕は自分を「トヨタの工場化」していた。自分を機械化し、細かに行動を分けて「流れ作業」に徹して、毎日を過ごした。「この時間に、これをやる」というのが全部決まっていた。

なぜなら、常に好調を維持するにあたり、自分がどうしたら一番楽かを考えたとき、「同じことを繰り返せばいいんだな」という結論にいき着いたからだ。

（**編集部注**／トヨタ自動車「生産方式」は、異常が発生したらただちに機械が停止する「自働化」と、必要なものだけを流れるように生産する「ジャスト・イン・タイム」。効率的で、他業界の模範になっている。）

シーズン中は3月末から10月末までの約7か月間、自宅で昼食をとり、球場入りし、練習が始まってからの行動も全部一緒だ。

まず、18時試合開始と同時にトレーナー室に入って、体をほぐす。5回くらいからトレーニングをやり始める。「これをやって、あれをやって」という項目が決まっていた。

毎回同じことをやると、ふだんとの違いが分かる。状態がよくないときはそれ以上のことをしないといけないので大変だ。ふだんと何も変わらない状態であれば、決められた項目を進めていく。

ストッパーに定着以来、10年以上続けていた野球のルーティーンの現役生活から離れ、もう4年になる。ずっと時間に縛られる生活をしていたので、もうとにかく時間を気にしなくていいことが一番幸せだ。

「毎年2月1日のキャンプインを迎えると、引退の寂しさを実感する」よくそう言われるが、そんなこともない。「もう、やり切った」から。

INNING 6

ストッパー3傑

01

佐々木、高津、岩瀬。共通項はコントロールと決め球

――10年、岩瀬は史上3人目の通算250セーブを達成し、「名球会」入りを果たす。その年のオフ、名球会ハワイ旅行において、佐々木主浩（横浜ほか）、高津臣吾（ヤクルトほか）との「ストッパー3傑座談会」が開かれた。

僕がプロ入りした99年、佐々木さんはセーブ王のタイトルをすでに4度、高津さんもその年、2度目のタイトルを獲得した。しかも2人とも、すでに「日本一の守護神」を経験したスターだった。同じ投手として素直に「すごいなあ」という羨望《せんぼう》のまなざしで見つめていた。

10年に名球会に入った僕は、当時の名球会ハワイ旅行をきっかけに、同じストッパーとしての大先輩2人と話す機会に恵まれた。

3人そろってストッパーの話をしたのは、あの座談会が最初で最後の貴重な時間だった。

あの座談会のとき、高津さんはコントロールのことをかなり強調していた。

「ストッパーはコントロールがよくないとダメ。佐々木さんはフォークボールを内角、外角にしっかり投げ分ける。岩瀬もスライダーをきちんとコントロールしているよな」

9回に四球で先頭打者を出塁させられない。勝負どころでのミスは許されない。「球をコントロールする」ということは、言い換えれば「自分の気持ちをコントロールする」こと。修羅場をくぐるストッパーには特に重要だということを高津さんは言いたかったのだと思う。

一方、佐々木さんが話題に挙げたのは「イニングまたぎ」のこと。

「オレや高津のはじめのころはイニングまたぎがかなり多かった。岩瀬はストッパーとしてイニングまたぎは多くはないが、中継ぎ投手時代にイニングまたぎばかりしていたものな」

1イニングを抑えて1度ダグアウトに戻ってきて、改めて次の回のマウンドに登るのはすごく難しい。なぜなら、1度引っ込んでしまったアドレナリンはなかなか出てこない。

最近はそれが明らかになっているから、どのチームでもイニングまたぎをさせない。投手分業制、継投の形がさらに変わってきている。「9回の男」どころか

「8回の男」「7回の男」が生まれているのは、そのためだ。

――それにしても、佐々木は右オーバースローからフォーク、高津は右サイドスローからシンカー、岩瀬は左スリークォーターからスライダーとシュートを投じた。投げ方も得意な球種も、「ストッパー3傑」が三者三様なのが面白い。

本当に三者三様だ。でも、共通するのはみんな「コントロールがいい」「決め球がある」ところだ。

ストッパーのパイオニアであった江夏豊さんは、抜群のコントロールだったそうだが、「指が短くてフォークを挟めない」「カーブが曲がらない」。ゆえに、カウント稼ぎも決め球も「アウトロー（外角低め）」のストレートだった。それが、江夏さんが20年以上ホストを務める週刊誌インタビュー企画の題名の由来らしい。

江夏さんが引退したのは84年36歳、そこまで通算829試合登板。僕が10歳のときだった。今思うとまだ若くして引退したのだなと思う。江夏さんは1000試合登板が夢だったそうだ。

だから僕が14年に40歳で通算400セーブを達成（通算889試合登板）して引退を少し意識したころから、春のキャンプ取材に訪れるたびに叱咤激励《しったげきれい》してくれた。

「岩瀬、絶対1000試合投げるんだぞ！」

江夏さんは、同じストッパーの先輩として佐々木さんにもアドバイスを授《さず》けたらしい。

「フォークを連投して三者三振で戻ってくるのは、気分はいいだろうが、自己満足にすぎない。次の試合のため、チームの勝利のために、餌《えさ》をまいておきなさい」

わざと安打を打たせることはないが、ふだんと違う配球をしておくことは必要だ。ふだんはカウント０ボール２ストライクから、ここぞの場面では３球勝負でいく。だが、いつもカウント０ボール２ストライクから勝負していると、打者に配球を読まれてしまう。だから、ときには１球ボールを挟むことも必要だ。それが「駆け引き」というものだ。

それにしても、（ブリュワーズのテストを受けた）江夏さんをはじめ、佐々木さん（４年間228試合７勝129セーブ）も高津さん（２年間99試合８勝27セーブ）もメジャーリーグに挑戦した。

僕もメジャーいきを考えなくはなかった。実際に話もあった。だが、僕は向こうでは無理だと思った。それは野球面においてではなく、言葉であったり、食事であったり、治療であったり。野球以外の生活面で向いていないと判断したのだ。

02

頑固親父のリード、温かいお袋のリード

――横浜時代の佐々木主浩、オールスター・ゲームでの高津臣吾、中日時代の岩瀬。「ストッパー3傑」の投球を実際に受けた谷繁元信捕手の感想だ。

「佐々木さんは4種類のフォークボールをきれいな球の回転で投げ分けた。フォークの落差は大きかった。高津さんとは僕が打者として対戦したとき、あのシンカーでもてあそばれているような感じだっ

た。岩瀬のスライダーは打者の近くから曲がり始め、そのまま大きく曲がっていった。なるべく打者の近くまできて曲がったほうが、打者は対応しづらい」

「佐々木さんの96年からの日本150セーブと岩瀬の400セーブの9割に絡んで、僕は『通算500セーブ捕手』。アシストできたのは僥倖《ぎょうこう》だ」

シゲさん（谷繁）のリードは、打者がイヤがる姿を見せたら、徹底的にその球種で攻め続けるというもの。3球くらいは平気で同じ球種を続け、「続けの谷繁」の異名もあった。

例えば、僕が右打者の内角にスライダーを投じて、その打者が自打球を当てた日には、その試合、ずっと内角スライダー。左打者にシュートを投げ、その打者が自打球を当てたら、それこそまたシュートのサインがずっと出た。

04年、左打者の金本知憲さん（当時・阪神）にシュートを投げたところ、踏み込んできた金本さんの左手首に当たり骨折してしまった。金本さんは連続試合フルイニング出場の記録がかかっていた。次の金本さんとの対戦で、シゲさんは僕にまたシュートを要求してきた。1球目、僕はシュートを上手く投げられなかった。シゲさんは怒ってマウンドにやってきた。

「左打者にシュートを投げられなければ、お前がプロで生きる道はなくなるんだぞ！」

よく表現されたのは、「頑固親父のような谷繁元信のリード」「お袋のように温かい中村武志のリード」だ。シゲさんの場合は打たれると「何やっているんだ！」と厳しく叱られ、中村さんは打たれても「サインを出した自分が悪い」と優しく包み込むタイプだった。どちらが良い悪いではなく、それくらい対照的な捕手だったということだ。

（**編集部注**／中村武志＝88年・99年中日の優勝捕手。02年に横浜・谷繁が中日にFA移籍したのに伴い、中村はその横浜に移籍した。）

「谷繁流配球」とはストライクゾーンを9マスに分割し、その周囲に1マスずつ加えて、25マスにする。その打者の「外角低めストレート」が最弱点だとしても、その外角低めをもっと弱めるために、外角低めに違う球種を投げさせたり、外角低めの周囲を攻めたりするというもの。先ほどの「続けの谷繁」同様、徹底的だ。

シゲさんの配球の意図を読めないと投手としてやっていけない。意図が分かるまでが大変だった。意図が分かるようになると、今度は自分自身の意思も出せるようになる。

（シゲさんはこっちから入ろうと考えているようですが、僕はあっちから入りたいです）

18・44メートルのバッテリー間、サインの交換において意思の疎通ができるようになった。意見が合致しているときはそのままサイン通りに投げ、そうでないときは首を振り、シゲさんは僕の意見を汲《く》んでくれるようになった。

シゲさんの配球の意図は、理路整然としている。「ノーヒットノーラン達成には運もある」と言われるが、シゲさんの「ノーヒットノーラン捕手4度」はなるべくしてなった気がする（02年川上憲伸、06年山本昌、13年山井大介、07年山井―岩瀬「継投・完全試合」）。

シゲさんの通算3021試合出場は日本最多、僕の通算1002試合と407セーブも日本最多。

「名捕手あるところに覇権あり。守護神あるところに覇権あり。黄金バッテリーの存在あってこそ、中日の黄金時代があった」

そう言ってくれる人もいる。結果としてシゲさんも僕もそういう数字になったが、やっている過程ではそんな数字にいき着くとは想像すらしなかった。僕はバッテリーを組んでいる過程の中で成長していけた。

03

通算407セーブは破られる(?)

——かつて92年ころ、NPBの記録部長は言っていた。『名球会』は任意団体なので、入会条件を私がとやかく言う筋合いではない。だが、セーブは0・5勝に換算するのが妥当かな」つまり通算400セーブである。03年12月、名球会が設定した数字は「日米通算250セーブ」だった。その時点で佐々木主浩は日米通算３５８セーブ、渡米前の高津臣吾は日本通算２６０セーブと、条件をクリアしていた。当時、通算４００セーブでは多すぎるかもしれないが、通算２５０セーブでは少ない感じも否めなかった。

しかし10年以降、日米通算２５０セーブを超えた投手は岩瀬だけ。同様に、日米通算２００勝は黒田博樹だけ。一方、打者の通算２０００安打は10年以降、19人を輩出する。

07年に岩瀬に並ぶシーズン46セーブをマークした藤川球児（阪神ほか）は、日米通算２４５セーブでユニフォームを脱いだ。17年にシーズン54セーブの日本記録を樹立したサファテ（ソフトバンクほか）も、日米通算２３４セーブで現役を引退した。

藤川投手（阪神ほか）と僕は、高校出のプロ入りと、「大学―社会人野球」経

由のプロ入りの違いはあれど、同じ99年プロ入りの同期だ。

藤川投手の「分かっていても打者が打てない、浮き上がる火の玉ストレート」は、投手からしたら究極の理想だ。なぜなら投手はみな、ストレートから入る。球種が1個で済むのだから。

07年、藤川投手とタイロン・ウッズ（中日）とのストレート勝負の対決は見ごたえがあった。甲子園球場での阪神―中日戦。同点の9回表二死二・三塁。フォークボールを投げておけば空振りするだろうに、11球すべてストレート。しかも、一塁は空《あ》いている。最後はウッズが軽打してセンター前に2点タイムリー。しかし、意地のストレート勝負は見ていて面白かった。

力で抑えられるのは幸せなことだ。技術で抑えるのはものすごく疲れるし大変だ。だが、力勝負は若いうちしかできない。通算250セーブまで残り5に迫っていただけに、引退は残念だった。しかし、22年に名球会に特例入会を果たした。藤川投手の実力が認められたのは実に喜ばしいことだ。

先発投手の（日米）通算200勝は難しい。最近で言うと、候補は田中将大投手（楽天ほか＝34歳）の日米通算190勝（成績は22年まで。以下同）、石川雅規投手（ヤクルト＝42歳）の183勝、ダルビッシュ有投手（日本ハムほか＝36歳）の日米通算188勝、前田健太投手（広島ほか＝34歳）の日米通算156勝が、射程圏か。

日米通算250セーブは、これからポツポツとは出てくると思う。現時点で平野佳寿投手（オリックスほか＝38歳）は日米通算221セーブ、山﨑康晃投手（DeNA＝30歳）は通算207セーブだ。

そして僕の通算407セーブに関しては、抜く投手が出てくると思う。と言うのも、僕がストッパーをやり始めたのは、プロ6年目、30歳のシーズンから。もっと言えば、脂が乗り切ったあとの数字だ。投手は30歳まで、球の力は成長できる。そして技術向上は果てしなく続く。だから20代前半からストッパーをやったら、抜けるのではないかと思うのだ。

その意味で松井裕樹投手（楽天＝27歳）は注目している。すでに通算197セーブ。27歳当時の僕の通算セーブは2だった。松井投手は同じ左投手で、ストレートが速く、スライダーが武器。僕が持っていなかったチェンジアップも持ち合わせる。

04

好ストッパーあるところに覇権あり

——12球団を見渡すと、22年のストッパーは各球団とも総じて好成績を挙げた。ペナントレース全143試合の約3分の1以上に登板し、30セーブ前後をマークした（日本ハム・北山亘基を除く）。

【22年12球団ストッパーの成績】

R・マルティネス（中日）56試合4勝3敗39セーブ、防御率0・97
マクガフ（ヤクルト）55試合2勝2敗38セーブ、防御率2・35
山﨑康晃（DeNA）56試合0勝2敗37セーブ、防御率1・33
大勢（巨人）57試合1勝3敗37セーブ、防御率2・05
栗林良吏《りょうじ》（広島）48試合0勝2敗31セーブ、防御率1・49
岩崎　優（阪神）57試合1勝6敗28セーブ、防御率1・96
松井裕樹（楽天）53試合1勝3敗32セーブ、防御率1・92
増田達至《たつし》（西武）52試合2勝5敗31セーブ、防御率2・45

平野佳寿《よしひさ》（オリックス）48試合3勝2敗28セーブ、防御率1・57
益田直也（ロッテ）52試合1勝2敗25セーブ、防御率3・29
モイネロ（ソフトバンク）53試合1勝1敗24セーブ、防御率1・03
北山亘基《こうき》（日本ハム）55試合3勝5敗9セーブ、防御率3・51

セ・リーグでは、山﨑投手がここ2年間の不振を脱却したのに伴い、DeNAは19年以来の2位に浮上した。

阪神は21年42セーブでMVP級の働きをしたスアレスがメジャー入り。22年開幕戦で新外国人のケラーが打たれ、ヤクルトに7点差の大逆転を許す。21年中継ぎだった岩崎投手がストッパーに定着するまで、阪神は開幕17戦1勝だった。

栗林投手（広島）はプロ1年目の21年に37セーブ、2年目の22年は苦しむかと思ったが、被本塁打0で31セーブの好成績を連続して挙げたのは大したものだと思う。

大勢投手（巨人）は、山﨑投手、栗林投手に並ぶ歴代新人最多の37セーブをマークして、新人王に輝いた。大勢投手は、今後どのような道を歩むのか、非常に楽しみである。

ストッパーはチームの勝利を握るだけに日本人が理想だが、一朝一夕には定着できない。

キューバ出身のライデル・マルティネス（中日）は、18年の来日当初はただストレートが速いだけでコントロールもよくなかった。僕がその18年に現役を退いたあと、20年21セーブ、21年23セーブ、そして22年39セーブ。22年終盤など、何の球種を投げてもストライクが取れていたし、クイックモーションも上達していた。防御率0点台と安定感が出て、ついにタイトルを獲得するまでの進境を見せた。

パ・リーグでは、ソフトバンクのサファテが17年54セーブを挙げたあと、18年から森唯斗《ゆいと》投手が3年連続30セーブ。森投手が15セーブに終わった21年、常勝ソフトバンクは4位に沈み、復活を期した22年も6セーブと苦しんだ。かつては力で押す投手という印象があった森投手だが、力だけだとやはりどこかで難しくなってくる。

22年新守護神・モイネロの9イニング平均奪三振14・87個は、97年佐々木主浩さん（横浜）の14・85個をしのぐ「50イニング以上」最高だった。

森投手は史上8人いる「通算100セーブ・100ホールド」を達成している。増田投手（西武）は22年「通算150セーブ・100ホールド」、益田投手（ロッテ）が「通算150セーブ・150ホールド」をそれぞれ達成した。益田投手は、関西国際大において大勢投手の10年先輩である。サイドスローとスリークォーターの中間という投げ方も似ている。

12球団唯一シーズン60勝に届かず最下位に沈んだ日本ハムは、開幕投手も務めた北山投手が、最終的にストッパーを務めた。

マクガフ（ヤクルト）と平野投手（オリックス）は21年・22年と安定したストッパーぶりを披露した。ストッパーが安定しているチームはやはり強い。

22年は、セ・リーグはヤクルトが独走、パ・リーグは日本ハムを除く1位～5位が終盤まで混戦の様相を呈した。「守護神の成績がチームの成績に大きな影響を及ぼす」ことを証明していた。

INNING 7

ストッパー10か条

01

ストッパーの難しさ

——かつて野村克也監督のミーティングのテーマで「狙い球10か条」というものがあった。

「その1／投手のクセを探して球種を判断する」

「その2／2B—0S、3B—1Sなど、ストライクを稼ぎたいときのカウント球を狙う」

ヤクルトナインは試合中にそれらが自然と思い出され、高い技術レベルで、かつ急成長を遂げた。

ここまで岩瀬のみならず、佐々木主浩、高津臣吾、江夏豊ら、日本

屈指のストッパーの話を出して論じてきた。日本一のストッパー・岩瀬が自《みずか》らの経験値から掲げる「ストッパーが成功するための10か条」とは具体的に何なのか？

僕が9回にマウンドに登ると、相手は必ず代打なり代走なり、残る戦力やスペシャリストを注《つ》ぎ込んできた。例えば巨人戦の9回、打席に4番・阿部慎之助選手を迎えれば、当然、一発長打を警戒する。しかし、際どいところを攻めたとしても、四球は出せない。四球を出せば、「走塁のスペシャリスト」鈴木尚広選手が代走に出てくるからだ。

9回以外なら阿部選手を出塁させても二塁盗塁の心配はないし、代走も出ないから大丈夫だ。だが、こと9回に限っては、鈴木選手に二盗でもされたら、四球が二塁打になったのと同じだ。無死二塁のピンチに直結してしまう。

クイックモーションで投げると、自分のふだんの投球の質より弱干とはいえ落ちてしまう。逆にそれを打者に狙われたりする。今思い返してみても、ストッパーは難しかった。

ストッパーに大切な条件を挙げろと言われればいくつでもあるが、その中から「ストッパー10か条」を厳選した。「技術的要素」5つと、「精神的要素」5つだ。

【岩瀬流ストッパー10か条】

1／コントロール
2／決め球
3／守備力
4／ストレート
5／初球ストライク先行

6／ピンチでの平常心
7／周囲からの信頼
8／自分に負けない
9／体調管理
10／覚悟

02 技術的要素5つ

1／コントロール

ストッパーである前に、まず投手として一番大事なのは「コントロール」だ。
今さらながら、なぜコントロールが大事なのか。特に9回、勝負がかかったところでコントロールを乱して「四球で出塁させる」のが、一番リスクが大きい。（満塁策や、強打者との勝負を避ける）計算された四球ならいいが、計算外の四球が一番失点につながりやすい。例えば本塁打のリスクが小さい打者と勝負して安打を打たれるならまだしも、四球を出すのはもったいない。二盗、タイムリーなど、致命的な失点につながる危険性をはらんでいる。

2／決め球

ストレートでも変化球でも、自分のセールスポイントなり「代名詞」になるような球種が必要だ。僕なら「右打者へのスライダー」「左打者へのシュート」が武器だった。

自信のある球があれば、相手を追い込める。そういう意味で「ストッパー10か条」の中でも最上位に挙げられる。

3／守備力

打球処理、バント処理、牽制《けんせい》、クイックモーションなど、投手の守備力はピンチで自《みずか》らを助ける。僕はゴールデングラブ賞こそ受賞していないが、自分の周囲への打球に反応、対応できる自信はあった。

ゴールデングラブ賞には縁がなかった。MVPにしても巡り合わせがよくなかった。リーグ優勝は5度経験したが、各シーズンとも他に目立った選手がいた。ただ僕の場合、大きな賞をいただくと反動がある気がして、未受賞はかえってよかったかもしれない。

（**編集部注**／中日のMVP＝99年岩瀬10勝→MVP・野口茂樹、04年岩瀬22セーブ→MVP・川上憲伸、06年岩瀬40セーブ＝最多→MVP・福留孝介、10年岩瀬42セーブ＝最多→MVP・和田一浩、11年岩瀬37セーブ→MVP・浅尾拓也。）

4／ストレート

ストレートの球速、球威、キレがあるにこしたことはない。なぜかと言えば「ストレートあってこその変化球」だから。僕の「右打者へのスライダー」も「左打者へのシュート」も、シゲさん（谷繁元信）が褒《ほ》めてくれた僕の「ストレート」あってこそだと思っている。

「投手に一番大事なのはコントロール」と言っておきながら矛盾すると思うかもしれないが、ストレートを磨くことが、変化球をより一層、効果的にするのだ。

5／初球ストライク先行

打者の様子をうかがうために初球や2球目はボール球で探りたくなる。だが、そこで勝負にいかないといけない。どんな好投手でも、ボールが先行すると苦しくなる。

とはいえ、不用意にあまい球のストライクで入ると、痛打を浴びて後悔する。9回になると、打者は積極的に初球から打ちにくる。向こうは追い込まれたくないが、こちらは早く追い込みたい。そのせめぎ合い。だからこそ「初球」は大事だ。

カウントは12種類ある。0B—0S、0B—1S、0B—2S、1B—0S、1B—1S、1B—2S、2B—0S、2B—1S、2B—2S、3B—0S、3B—1S、3B—2S。いかにストライク先行のカウントに持っていけるかが非常に重要だ。

03

精神的要素5つ

6／ピンチでの平常心

精神的要素のトップは、ピンチになっても動揺しないハート。「ストッパー10か条」の中で最重要の3つを選ぶなら、技術的要素の「コントロール」「決め球」、そしてこの精神的要素の「ピンチでの平常心」だ。

ピンチになったら逆に気持ちが強くなる投手もいる。ストッパーはそういうタイプが向いている。9回になってもまだスイッチを入れない。同点、逆転の走者が出てやっとギアを上げるくらいの強心臓の持ち主がいい。僕の場合、ピンチになると自然に集中力が高まった。

7／周囲からの信頼

ストッパーは、周囲から信頼されないといけない。僕は生涯成績「通算407セーブ」を記録しているが、何より誇れるのは、実は「15年連続シーズン50試合登板」だ。

継続することで信頼が生まれる。好調を持続し、1年間ほぼすべてベンチ入りした証として、やっと登板50試合を超える。ひいては、チームに貢献できる。そうやってナインの信頼を積み重ねてきた。

8／自分に負けない

相手チーム、相手打者と戦うのだが、その前に己《おのれ》自身と闘っているほうが多い。僕は打たれて試合に負けると疲労が一気に噴出して眠れたが、抑えて勝っているときはアドレナリンが収まらない。

8時間睡眠を目標にしたが、とにかく寝つけなかった。言わば「睡眠不足がチームの勝利の裏返し」だった。それだけに自分自身との闘いになる。自分に負けてはいけない。

9／体調管理

きょう投げるか、あす投げるか、試合展開によって出番がまったく分からない。だが、自分の好不調にかかわらず、毎日でも投げられるような準備をしておかなくてはならない。そういった意味で毎日の体調管理、自分の体を知ることは大事になってくる。

「自分の体を工場化する（P112）」のは、常に同じ体調でいれば異状に気づけるから。試合前に異状を覚えたときは、いつも以上に球団トレーナーのケアを受ける。

球団のトレーナー以外に、僕は「肩ならこの治療院」「ヒジならあの治療院」「首・背中・腰はどこの整体」「疲労は電気治療」と、それぞれの部分をケアしてくれる治療場所を持っていた。

10／覚悟

最後は、覚悟。腹をくくれるかどうか。ふだんの試合、ストッパーがいつも締めくくるので、マスコミ取材は意外なほど少ない。「抑えたときは流されて、打たれたときは取り上げられる」。だから、僕自身は「波風立てず、静かにやりたい」思いだった。

つまり、いつも打たれずに勝っていれば、マスコミやファンに騒がれることもない。打たれたときばかりコメントを求められるのは、人間気持ちのいいものではない。ただ、マスコミ対応は避けずに、心境は語った。それを含めてのストッパーだと思っていた。それが腹をくるということ。すなわち「覚悟」なのだ。

04

「ストッパー」と「中継ぎ」の違い

——岩瀬は「最優秀中継ぎ」3度（99年・00年・03年）、「最多セーブ」5度（05年・06年・09年・10年・12年）の両方のタイトルを獲得している。

岩瀬が考える「ストッパー」と「中継ぎ」の違いは何なのか。

（編集部注／ホールド＝同点またはリードの場面で登板し、その同

点またはリードを保ったまま降板する。自分の失点により、同点または逆転されないこと。降板後、チームが負けてもホールドは記録される。救援勝利の場合、「ホールドポイントとなる」。）

中継ぎ投手を評価するセ・リーグの指標は、タイトル表彰が始まった96年から04年まで、「ホールド」ではなく「リリーフポイント制」だった。（**編集部注**／パ・リーグはずっと「ホールド」だが、通算成績は05年以降のカウントとされている。）

「中継ぎ（ホールド）」は、まだ試合が続く中で投げる。「ストッパー（セーブ）」は、自分が試合を終わらせる。当然とはいえ、そこが両方を経験した身として感じる大きな違いだ。

「中継ぎ」には、ストッパーでいう9回のような「明確なイニング」がない。

イニングをまたぐこともある。今でこそイニングの頭から7回限定とか8回限定で投げるが、出番がいつか分からない。しかも僅差の試合の場合、8回に上位打線を迎えるケースが多く、主力打者にぶつけられる。それでも、しっかりと後ろにバトンを渡さなくてはならない。

正直なところ、中継ぎ投手の評価は地味で可哀想なところがあると思う。ただ、投手分業制がさらに細分化されてきたので、同点で投げると勝ち投手になれることもある（ホールドポイント）。今後はもっとホールド数が増える可能性が高い。特に勝ちパターンの投手は、ストッパーと同等の評価をしてもいいのではないか。

（**編集部注**／セ・リーグ05年71完投207セーブ442ホールド→22年41完投229セーブ708ホールド。

パ・リーグ05年108完投163セーブ359ホールド
→22年34完投220セーブ700ホールド。
つまり両リーグとも完投数が激減し、その分ホールド数が激増している。)

自分を含めて「中継ぎ」で実績を積んで、「ストッパー」になるケースが多い。ストッパーは「守護神」とも呼ばれる、チームで一番信頼される投手のポジションで、それをめざすのはモチベーションになる。

疲労度から言えば、中継ぎのほうが肩の作りも多くなるし、イニングをまたげば球数も多くなってきついと思う。それを経てのストッパーだから、何年も続ける「勤続疲労」は相当なものがある。

05

中継ぎ投手の「名球会」入り条件は？

【通算ホールド3傑】（22年まで）

1・宮西尚生（日本ハム）通算380ホールド
2・山口鉄也（巨人）通算273ホールド
3・浅尾拓也（中日）通算200ホールド

中継ぎ投手の「名球会」への入会条件？　どういう数字になるのだろう……？　難しい問題だ。

とはいえ、22年オリックスの日本シリーズ制覇は、間違いなく「中継ぎ投手の奮闘」あってこそ。「打のヤクルト」対「投のオリックス」。第1戦・山本由伸投手、第2戦・山﨑福也《さちや》投手、第3戦・宮城大弥投手の先発陣で勝てなかった（0勝2敗1分）。

第4戦以降、宇田川優希投手、山﨑颯一郎《そういちろう》投手、比嘉幹貴《もとき》投手、ワゲスパックらが、試合の流れを渡さずに流れを作った。短期決戦だから逆に「奮投」が余計に目立った。

宇田川投手のストレートと大きく落ちるフォークボール、山﨑颯投手の160キロ、横手からタイミングを外した比嘉投手、198センチの長身から投げおろすワゲスパック。同じリーグで慣れていても難しいところ、短期決戦ではなおさら対応が難しい。彼らも自分たちの役割をよく自覚して投げている印象を受けた。

一方のヤクルトも石山泰稚投手、田口麗斗《かずと》投手、清水昇投手、木澤尚文投手らがよく頑張った。

06

1軍投手12人枠の構成と順番は？

――1軍登録29人のうち「1軍投手枠」は12人。大別すると、「先発投手」「中継ぎ投手」「ストッパー」だ。

ただ、中継ぎ投手でも、勝ち試合の中継ぎ、左のワンポイントなどに細分化される。

先述のように、古田敦也（ヤクルト）は真っ先に「中継ぎ投手」時代の岩瀬を指名した。谷繁元信（中日）は「『抑えのエース』『中継ぎエース』の順で固定する」と語った。奇しくも2人とも捕手兼任監督を経験した。

さて、リリーフ投手のスペシャリスト・岩瀬が近い将来に指導者になった場合、「1軍投手12人枠」をどのような構成にするのか。

僕の場合、間違いなく後ろから選ぶ。その次はだんだん前に「8回の男」「7回の男」を選ぶ。そこが決まってしまえば、指導者として相当、楽になる。

現代野球は、先発投手が完投する時代ではない。先発が6回まで頑張ってくれて、後ろの3人が固定されていれば、勝ちゲームになる計算が立つ。

あとは、ペナントレースは「1カード3連戦×2」の6連戦方式なので、先発投手は6人。1カード最悪の3連敗がないように、各カードの頭にエース級の先発投手（先発1番手、2番手）を置くのが普通。ただ強いチーム相手に先発1番手、2番手を持っていく場合もある。そのあたりは対戦チームとの兼ね合いだ。

ひと昔前は左のワンポイント投手はすごく重要だった。僕の時代は金本知憲さん（広島→阪神）、前田智徳さん（広島）、松井秀喜選手、高橋由伸選手（いずれも巨人）と、即座に思い浮かぶ左の強打者が存在したからだ。

だが、現在は村上宗隆選手（ヤクルト）と柳田悠岐選手（ソフトバンク）くらい。吉田正尚《まさたか》選手（オリックス→レッドソックス）はメジャー入りした。「その打者だけでもいいから抑えてくれ」という、手のつけられない左打者が思い浮かばない。ましてや、左打ちが何人も連続で並ぶ打線も少ない。だからワンポイントのために12人枠の大事な1枠を使いにくい。

残りの3人は必然的に、「同点」「僅差」で投げる投手、ファームで好成績を収めて「1軍を経験させたい期待の若手投手」といった構成になるだろうか。

INNING 8

対戦してきた
スラッガーたち

01

本塁打を「多く」打たれた仁志敏久

――岩瀬は現役20年通算1002試合、延べ4021打者と対戦し、被安打867。被本塁打はわずか42本。ここまで岩瀬の口から具体的な打者の名前はほとんど挙がっていない。引退後、今だからこそ話せる「苦手な打者」を告白してもらう。

「一番難しい質問」だ。打者を苦手だと思ったら絶対にダメだと思って、ストッパーをやってきたから。

僕は現役20年間で合計42本塁打を打たれた。1年平均約2本だ。仁志敏久さん

（巨人→横浜）がなんとなくイヤだった。仁志さんに本塁打を通算2本打たれたのを鮮明に記憶している。仁志さんは04年にシーズン28本塁打しているが、基本的に大砲ではない。ホームラン打者ではない仁志さんに2本打たれたとなると、やはり印象に残る。

次はアレックス・ラミレス（ヤクルト→巨人→DeNA）。04年・06年・10年・11年は中日がリーグ優勝したが、07年から09年は巨人がリーグ3連覇。ラミレスは08年45本塁打、125打点を叩き出し打点王。09年は31本塁打、打率・322で首位打者を獲得。2年連続MVPに輝いている。さらに10年は49本塁打、129打点で二冠王だ。

ラミレスは中日の優勝の前に大きく立ちはだかった。ラミレスは投手よりも、むしろ捕手のリードをかなり研究していて、ラミレスの「狙い球」とシゲさん

（谷繁）の「配球」の読み合いだった。

02 岩瀬を苦手にしたヒットメーカー・前田智徳

――打率が高い前田智徳（広島）を、岩瀬はやはり苦手にしたのだろうか。落合博満（ロッテほか）、掛布雅之（阪神）、イチロー（オリックスほか）、松井秀喜（巨人ほか）、谷繁元信（中日ほか）らは異口同音に前田を称賛し、「内角球のさばき方が天才的だ。普通ならファウルになる内角球を、フェアゾーンに入れる」と語る。

前田さん（広島＝通算２１１９安打、打率・３０２）は僕のことを嫌っていた。僕がシュートを投げるようになってから、そのシュートがイヤだったみたいだ。

僭越ながら、たぶん左打者はみんな僕がイヤだったと思う。金本知憲さん（広島→阪神＝通算2539安打、打率・285）もそう言っていた。

左投手で、左打者の懐《ふところ》に食い込むシュートを投げる投手はそんなにいない。投げたとしてもコントロールよく、そこに投げ切れる投手がいない。それが僕の強みだった。

振り返れば僕のプロ初登板、前田さん・江藤智さん・金本さんに3連打逆転を許し、一死も取れずに降板した。それを思えば感慨深い。

アベレージヒッターであえて苦手な打者を挙げるとすると、多村仁志選手（横浜→ソフトバンク→DeNA→中日）になる。ストレート、スライダー、シュート。僕がどの球種を投げてもタイミングが合ってしまうようだ。
多村選手は僕がストッパーを任された04年に、打率・３０５、40本塁打、１００打点のキャリアハイの成績を残している。40本塁打と一発長打の魅力も秘めていた。16年に中日に加入したが、一軍出場はなかった。

03

勝負強く打点を稼ぐ村田修一

――「打点を稼ぐ」イコール「勝負強い打者」「ヤマを張る」というイメージがあるが、岩瀬は誰の名前を挙げるのか。

村田修一選手（横浜ほか）は07年と08年に２年連続本塁打王。特に08年は46本塁打。1950年から2022年まで、本塁打王は両リーグのべ73人ずつ存在するが、「40本以上の日本人本塁打王」はセ・リーグに10人、パ・リーグに11人しかいない。村田選手は12年に巨人にFA移籍してから本塁打はかなり減ったが、逆にしぶとい打撃をするようになった気がする。

村田選手はホームラン打者とか打点王タイプと言うよりも、僕としては「ミートポイントが（捕手寄りに）近い」ので嫌いだった。僕自身、どちらかと言うと長距離砲よりもねちっこい打者がイヤだった。

スライダーを前でとらえようとする打者は打ち取りやすい。前でとらえる打者はミートする接点がないので、バットの芯でとらえてもファウルになるし、前に飛ばそうと思ったら詰まるしかない。だが、村田選手のように後ろまで投球を引きつけて打とうとする打者は、バットが遅れて出てくるので、ミートする接点が生まれるのだ。

それにしても、仁志敏久さん、ラミレス、多村選手、村田選手と横浜に在籍した打者がなぜか多いのは不思議だ（苦笑）。

04 選球眼に秀でる鳥谷敬、盗塁を警戒した赤星憲広

――「コントロールのよさ」を好投手の第1条件に挙げ、実際、9イニング平均与四球が2・23個とよかった岩瀬。粘られた打者は誰だったのだろう。

選球眼に秀でるのは鳥谷敬選手（阪神ほか）。際どいところで誘っても、ボール球に本当に手を出さなかった。11年から13年は、3年連続リーグ最多四球。

通算138本塁打と、ホームラン打者ではないのに、さすが史上14位の通算1055四球を選んだだけのことはある。

かつての野村謙二郎さん（広島）に代表されるように、盗塁王を狙う打者は、出塁させれば二塁盗塁につながるので、投手はストライクゾーンの中で積極的に勝負していく。

打者もそれが分かっているので初球から積極的に打って出る。だから意外に四球も少ない。だが、赤星憲広選手（阪神）は粘って四球で出る打者だった。

赤星選手が三遊間、レフト方向に流してくるときは好調だ。亜細亜大学時代、赤星選手の1年先輩が井端弘和（中日ほか）だった。だから、赤星選手と対戦するときは遊撃・井端が必ず「岩瀬さん、ポジションどうしますか」とマウンドに確かめにきた。三遊間にゴロが飛ぶから、井端のポジショニングが一番大事だった。山本昌さん（中日）が06年にノーヒットノーランを達成したとき、最終打者は赤星選手で、三塁手・森野将彦がゴロをさばいた。

打たせて取るのはいいが、ボテボテの打球だと俊足を生かして内野安打にされてしまう。ある程度、気持ちよくいい当たりを打たせるところに難しさがある。

赤星選手（盗塁王5度）にしても福地寿樹選手（広島→西武→ヤクルト＝盗塁王2度）にしても鈴木尚広選手（巨人＝通算228盗塁）にしても、俊足を警戒するのは同様だった。

05 三冠王・村上宗隆への配球は？

——22年、「5打席連続本塁打」「シーズン56本塁打」「三冠王」と、

村上宗隆（ヤクルト）の打棒は手がつけられなかった。

例えばシーズン終盤、左投手の伊藤将司（阪神）、今永昇太（DeNA）、大野雄大《ゆうだい》、小笠原慎之介（いずれも中日）らは、ドロンとしたカーブを投げてタイミングを外したり、内角ヒザ元にスプリットを落として泳がせたりと工夫していた。

右投手で言えば、大勢（巨人）は外角低め少し上154キロを55号された。しかし、高橋宏斗（中日）の外角高め157キロには手が出ず、見逃し三振。

岩瀬なら、村上をどう抑えるのだろう。

やはり内角を突きにいく。村上選手（ヤクルト）には内角を意識させないと、外角を続けることはできない。だから、内角を意識させて、内角と思わせておきながら外角を使わないと、勝負を決めることができない。そういう配球になる。

村上選手は死球がシーズン7つしかなかった。ぶつけろという意味ではなく、内角ストライクゾーンより、体に近い厳しいところを攻めて、打席での足を動かさないといけない。捕手はそこへ投げさせたがっている。だが、結局は投手がそこへ投げ切る、投げ続けるコントロールがないから打たれてしまう。

内角は内角でも、ヒザ元ではなく、胸元を意識させる。目線を1度上げさせないと外角低めへの投球が効《き》かない。

変化球は、左投手シュートや右投手スライダーのように内角に食い込む変化球があれば有効だ。なければスプリットやカーブなど、落ちるボールをどうやって振ってもらうか。先ほどの横軸、縦軸の変化など、投手の持ち球によって変わってくる。

しかし、村上選手は根本的にライデル・マルティネス（中日）のような155キロを超える速いボールはたぶん苦手だ。

大勢投手（巨人）を打ったのは153、4キロの外角低めちょっと上。高橋（中日）が見逃し三振させたのは157キロ外角高め。

村上選手のような打ち方だと、外角低め少し上なら手首を立ててアッパースイングでレフト席に放り込める。だが、外角高めだとバットのヘッドを立ててミートしなくてはならない。すると「バットの出《で》」が少し遅れる。投球をとらえたと思ってもファウルになってしまう。

だから外角高めの速いストレートというのは、意外と使い勝手がいい。もしくは外角低めにきっちり決める。だから大勢投手の投げたような中途半端な低さの外角ストレートというのは、一見すごくいい球に見えたが、実は一番飛んでしまうところなのだ。

僕が村上選手と対戦するなら、内角シュート、次に外角低めスライダーかストレートという配球になる。

06

ダルビッシュ有＋松井秀喜＝大谷翔平

――21年の「左打者・大谷翔平」（日本ハム→エンゼルス）は、内角高めストレートを強引に引っ張って46本塁打した印象が強い。22年は本塁打こそ34本と減少したが、その分、低めの投球を巧みに安打にした。21年155試合138安打（打率・257）→22年157試合160安打（打率・273）と進境を見せた。

「右投手・大谷翔平」は、左打者に対しては縦のスライダー、右打

者に対しては横のスライダーを多投していた。しかもシーズン終盤、右打者にはツーシームも新たに加えた。

岩瀬は「打者・大谷」「投手・大谷」をどう見ているのか。


僕なら「左打者・大谷翔平」を攻めるのは、村上選手と同じ。内角に食い込むシュートのあと、外角低めにスライダーかストレートを投じる。

「右投手・大谷翔平」は、コントロールがよくなった。以前のような明らかなボール球の割合がすごく減っている。逆に奪三振は増えている。

（**編集部注**／大谷21年130⅓回44与四球156奪三振→22年166回44与四球219奪三振＝9イニング平均与四球21年3・04個→22年2・39個、9イニング平均奪三振21年10・77個→22年11・87個。）

（**編集部注**／9イニング平均奪三振＝ロッテ・佐々木朗希22年129⅓回12・

04個、ソフトバンク・千賀滉大19年180⅓回11・33個、レンジャース・ダルビッシュ有13年209⅔回11・89個＝大谷の22年9イニング平均奪三振11・87個は、13年ダルビッシュよりわずかに少なく、19年千賀より多い。）

大谷選手は、本当にダルビッシュ投手（日本ハム→現・パドレス）と松井秀喜選手（巨人→ヤンキースほか）を足したような選手なのである。

22年ダルビッシュ（パ軍）30試合16勝8敗、194⅔回197奪三振37与四球、防御率3・10

22年大谷翔平（エ軍）28試合15勝9敗、166回219奪三振44与四球、防御率2・33

04年松井秀喜（ヤ軍）162試174安31本108点88四球103三振、打率・

298
22年大谷翔平（エ軍）157試160安34本　95点72四球161三振、打率・273

「リアル二刀流」（2WAY PLAYER）と呼ばれるが、メジャーリーグ史上初めて投手として「規定投球回」、打者として「規定打席」を同時にクリアした選手だ。そればかりか、勝利数はリーグ4位、本塁打数もリーグ4位。

（**編集部注**／アメリカン・リーグ＝勝利数1位アストロズ・バーランダー18勝、本塁打数1位ヤンキース・ジャッジ62本。）

だからもう、大谷選手に関して僕は正確なところを話ができない。話しちゃいけない。僕が話すのは、おこがましい（苦笑）。それほど、すごい。投手と野手、片方の練習だけでも相当大変なのに、なぜ両方、主力選手として活躍できるのか。

投げて、打って、しかも走って（21年26盗塁、22年11盗塁）……。ケガをしないのが不思議でならない。ふつう、できない。だからメジャー史上初なのだ。

話は少しそれるが、僕の古巣・中日の後輩の根尾昂が高校時代の「二刀流」から、投手として本腰を入れることになった。よく「先発向き」なのか「ストッパー向き」なのか、言われるところだ。だが、やっていく中で、自分が合わせていくものなのだと思う。

僕だってストッパーが向いていたわけではないと今でも思っている。そこに慣れてやっていかないといけない。向き不向きなんて、自分が決めることではない。応援しているだけに、頑張ってほしいものだ。

07

岩瀬が選ぶ「ベストナイン」

――「弱肉強食」のプロ野球の世界における選手の顔ぶれは、常に入れ替わる。そんな中、1999年から2018年までの20年間、長きにわたり活躍を見せた「岩瀬が選ぶベストナイン」は実に興味深い。

【岩瀬仁紀が選ぶベストナイン】

・先発＝松坂大輔（西武ほか）
・中継ぎ＝浅尾拓也（中日）
・抑え＝佐々木主浩（横浜ほか）
・捕手＝谷繁元信（中日ほか）、古田敦也（ヤクルト）

・一塁手＝清原和博（西武ほか）
・二塁手＝立浪和義（中日）、菊池涼介（広島）
・三塁手＝中村紀洋（近鉄ほか）、村上宗隆（ヤクルト）
・遊撃手＝松井稼頭央（西武ほか）
・外野手＝イチロー（オリックスほか）
・外野手＝松井秀喜（巨人ほか）
・外野手＝秋山幸二（西武ほか）
・ＤＨ＝大谷翔平（日本ハムほか）

先発は、松坂大輔投手（西武ほか）。年齢は違うが、同じ99年のドラフトで入団した。「高校出即3年連続最多勝」というのは類を見ない。純粋にすごいと思った。パ・リーグ、日本シリーズ、メジャーリーグ、ＷＢＣのすべてのカテゴリーを制覇した。04年アテネ五輪では同じ釜の飯を食った。

中継ぎは、浅尾拓也投手（中日）。10年・11年は見ていて打たれる気がしなかった。人が真似できないバネがあった。人間離れした動きができた。高校2年秋まで捕手だったらしく、小さなテークバックから投げ込む。スーパークイック、一塁牽制のターンも速かった。バント小飛球への反応も速かった。リリーフ投手初のゴールデングラブ賞受賞がそれを証明している。

（**編集部注**／10年72試合47ホールド、防御率1・68、11年79試合45ホールド、防御率0・41＝MVP。）

抑え投手は、やはり「大魔神」**佐々木主浩さん**（横浜ほか）。お互い、勝ち試合しか投げない投手だったので、当然ながら投げ合ったことも、佐々木さんのフォークボールを打席で感じたこともなかったのが残念だ。

僕がプロ入りするまで「守護神」と言えば佐々木さんのイメージだった。その佐々木さんの保持した「45セーブ」「最多セーブ4度」を更新したのは感慨深い。

捕手は当然、**谷繁元信さん**（中日ほか）。シゲさんは味方の捕手としての指導は厳しかったが、僕のセーブのほとんどをリードしていただいた。

プロ野球選手として体が強かったのは称賛に値すると思う。本塁での捕手と走者の衝突を防止する「コリジョン・ルール」導入は、シゲさんの現役引退後の16年からだ。痛そうなそぶりをまったく見せなかった。一番ケガの危険性がある捕手というポジションにおいて、日本プロ野球選手最多の３０２１試合出場だ。

捕手で次点を挙げるとしたら、**古田敦也さん**（ヤクルト）。リードワークもいい、肩もいい。何よりあれだけ打てる捕手はいない。打率3割8度は捕手最多だ。対戦していて配球と狙い球の「読み合い」になったことが印象深い。

一塁手は、**清原和博さん**（西武→巨人→オリックス）。高校出1年目から西武の4番というスーパースター。97年に巨人に移籍していたので、僕がプロ入りした99年から05年まで対戦した。僕が「プロ野球選手になった」実感が湧《わ》いたのは、清原さんと初めて対戦したとき。01年打率・298、29本121打点と勝負強かった。

二塁手は、立浪和義さん（中日）。同じチームだったので対戦した経験はないが、味方として勝負強くて頼もしかった。ここぞの場面では必ず打ってくれた。02年92打点、03年80打点、04年70打点。二塁打が多く、ポイントゲッターにもチャンスメーカーにもなれた。以降は「代打の切り札」として大活躍だった。

他チームでは、**菊池涼介選手**（広島）。10年連続ゴールデングラブ賞はすごい。

打球方向を予測して守る「ポジショニング」が優れている。投手の持ち球と打者のタイプ、試合状況からの「読み」、そして自分の守備に自信があるからこそ、大胆なポジショニングが取れるのだろう。

三塁手は、中村紀洋さん（近鉄→ドジャース→オリックス→中日→楽天→横浜・DeNA）。僕が「ベストナイン」に選ぶポイントは、「勝敗背中合わせ」のストッパーというポジションがら、勝負強さを感じる打者。特に近鉄時代のノリさんは印象深い。

07年からチームメイトとして、ハンドリングの柔らかな三塁守備を見せてもらった。その07年は日本シリーズMVPにも輝いている。09年からの楽天時代にはセ・パ交流戦で、11年からは横浜で、相手打者として対戦した。

僕は対戦していないが、**村上宗隆選手**（ヤクルト）を加えておきたい。高校出

5年目、弱冠22歳にして、22年の三冠王、5打席連続本塁打、シーズン56本塁打の大活躍。球史と人々の脳裏に残る。

遊撃手は、松井稼頭央選手（西武→メジャー→楽天→西武）。1歳下の稼頭央選手は僕が大学4年生のときに、高校出3年目で西武の遊撃レギュラーをつかんだ。全130試合出場、1本塁打だったが、50盗塁。俊足を生かした広い守備範囲と、元投手の強肩。カッコいい遊撃手だなと印象深かった。

その後、スイッチヒッターで「トリプルスリー」（02年＝打率3割、30本塁打、30盗塁）と大活躍を遂げた。メジャー帰りの11年からセ・パ交流戦で対戦できたのが印象深い。

外野手は、イチローさん（オリックス→マリナーズほか）、**松井秀喜選手**（巨人→ヤンキースほか）、**秋山幸二さん**（西武→ダイエー）。

イチローさんは僕より1歳上で、同じ愛知出身のヒーローだ。00年までオリックスに在籍。僕は99年のプロ入りだが、セ・パ交流戦は05年からだから、残念ながらプロでの対戦はかなわなかった。7年連続首位打者の卓越した打撃術を、18・44メートルの距離で体感したかった。

松井選手は同い年。02年まで巨人に在籍しているので、対戦している。メジャーリーグ入り前の4年間、首位打者・本塁打王・打点王の3部門を制覇した日本最盛期の松井選手と相対した。打席からかもし出す威圧感はやはり迫力満点だった。

秋山さんは、99年の日本シリーズ中日対ダイエーで対戦している。秋山さんは外野フェンスを駆け上がって捕球、走者を刺す超美技。日本シリーズMVPに輝いた。ただ、僕としては西武時代の89年のトリプルスリーが印象深い。

そして**DHとして、大谷翔平選手**（日本ハム→エンゼルス）。大谷選手は17年まで日本ハムに在籍したので、セ・パ交流戦で対戦している。当時から、あふれる打撃センスを感じたものだ。

INNING 9

仕えた監督たち

・星野仙一監督（99年～01年）＝74年セ・リーグ初代セーブ王（10S）。愛知の英雄。監督として88年、99年中日優勝。02年～03年敵将（阪神監督）となる。

・山田久志監督（02年～03年）＝阪急の先発投手として通算284勝。「名球会」の先輩投手。99年から中日コーチ、02年から監督に就任し、02年3位、03年2位。

・落合博満監督（04年～11年）＝ロッテで三冠王。トレードで中日、FAで巨人、そして日本ハムに移籍。「投手力を主体とした守り勝つ野球」を標榜。監督として8年間でリーグ優勝4、日本一1。

・高木守道監督（12年～13年）＝2000安打2000本塁打300盗

塁。守りも職人。中日監督として94年「10・8決戦」を戦う。第2次政権12年2位、13年4位。

・谷繁元信監督（14年～16年）＝横浜から中日に02年FA移籍。岩瀬とバッテリーを組む。捕手ながら日本最多3021試合出場。14年から捕手兼任監督も務める。

・森　繁和監督（17年～18年）＝西武で81年14勝、83年最多セーブ。岩瀬は投手コーチ・森、監督・森に仕えた。17年5位、18年5位。

01

やはり怖かった星野仙一監督

僕は愛知で生まれ、愛知で育った。だから星野仙一さんは幼いころから「地元の英雄」だった。僕がプロ入りしたときの監督はその星野さんだったが、まさに闘将だった。本当に負けるのが大嫌いな監督で、特に巨人戦にかける意気込みはもう半端ではなかった。

テレビで見ていたときは怖いイメージだったが、同じユニフォームを着させてもらった至近距離でも、やはり怖かった。ファンの皆さんが抱いているだろう姿そのままだ。

面と向かって選手を絶対に褒《ほ》めないし、細かなことまで喋《しゃべ》らない。だから、星野監督が何を言っているかを知るのは、新聞記事からの情報だった（苦笑）。

星野監督の第2次政権の初年度の96年は2位（優勝・巨人）、97年最下位（優勝・ヤクルト）、98年2位（優勝・横浜）。

96年は巨人が広島との11・5ゲーム差を大逆転した「メークドラマ」の年。巨人が優勝を決めたのはナゴヤ球場で、V逸の瞬間、星野監督は歯ぎしりをしていたそうだ。98年は横浜が38年ぶりの優勝、中日は4ゲーム差の2位。いずれも優勝にあと一歩届かなかった。

僕と同じ99年から中日に入団した山田久志投手コーチが、春季キャンプで僕につきっきりで指導してくれた。星野さんは山田コーチに言ったそうだ。

「なんとか岩瀬をモノにしろ！」

こき使われたけれど（苦笑）、打たれたときでも、「岩瀬で負けたら仕方がない」。そういう意味では星野監督にすごく信頼して大事に使ってもらっているのを感じた。プロ1年目の99年にリーグ最多の65試合に登板。10勝を挙げて優勝に貢献できてよかった。

投手出身だから、戦略面では島野育夫さん（中日ほか）をヘッドコーチに配した。投手は四球を出さない。攻撃面は送る場面ではきっちり送る。「基本に忠実な野球」を推進した。

星野監督はエンターテイナーであり、演出家であった。選手を前にしたあいさつにしろ、マスコミへのインタビュー対応にしろ、すべてにおいて人を引きつける力に長《た》けていた。

中日での采配は01年を最後に、翌02年から同一リーグの阪神の監督に就任した。残念ではあったが、あれだけの人なので、他チームで指揮するのもいいのかなとは思った。僕たちも、別に監督と試合をするわけではない。星野さんは阪神2年目に優勝を遂げた。

03年（星野監督）・05年（岡田彰布監督）は阪神が優勝、04年・06年は中日が優勝という「竜虎」の時代の到来だった。

02

「もう1頭のライオン」山田久志監督

99年から中日投手コーチ、02年から監督に就任した山田久志監督。「花の69年ドラフト」で阪急に1位指名され、プロ入りは星野仙一さんと同期だった。

星野監督は「闘将」と呼ばれたが、僕からしたら星野さんと山田さんで、「ライオンが2頭」いるような雰囲気だった。

監督になってからは何も言われなくなったが、投手コーチ時代の山田さんには常に怒られていた。

風貌《ふうぼう》も語り口調もソフトな印象を受けるが、さすが史上7位の通算284勝を挙げているだけあって、野球への厳しさ、投球に対する一家言《いっかげん》を持っていた。

毎日が必死だった入団当初に、もっとも怖い「ライオン2頭」と接していたので（苦笑）、そういう意味では以降が楽だった。


――94年は最終戦同率直接対決の「10・8決戦」、96年は11・5ゲーム差大逆転の「メークドラマ」。中日は2度とも本拠地・ナゴヤ球場で、宿敵・巨人の後塵を拝した。

巨人は94年「先発―橋本清―石毛博史」、96年は「先発―河野博文―マリオ」という勝利の方程式が確立していた。

当時、岩瀬のような「絶対的リリーバー」の存在があれば中日が勝ち、日本プロ野球史は変わっていたかもしれない。いや、だからこそ中日・星野監督―山田投手コーチは「絶対的リリーバー」育成に着手したのだろう。

03

「予言者」落合博満監督

――落合博満監督の初年度の開幕投手を務めた川崎憲次郎は、興味深いことを言った。

「野村克也さんがヤクルト監督に就任したとき『走れ走れ、ノックノックの昭和の練習』、落合博満さんが中日監督に就任したとき『練

習量よりも、合理的な野球』を想像していた。しかし、それは真逆だった」

落合さんはロッテ・中日・巨人を経て、97年に日本ハムに移籍し、98年を最後に現役引退。99年にプロ入りした僕は、残念ながら対戦した経験はない。

03年オフ、落合さんが中日監督になるとの情報が耳に入った。

「現役時代に三冠王を3度も獲っている人だよな。でも、まだ監督経験がないどころか、コーチ経験も皆無だ。どういう指導、どういう野球をやるんだろう？」

僕も含めて、選手たちは興味津々だった。蓋《ふた》をあけたら、結果的に、仕《つか》えた監督6人の中で一番オーソドックスな「投手力を主体とした守り勝つ野球」を展開した気がする。

就任初年度の04年の開幕投手は、ヤクルトからFA移籍後、丸3年間登板のない(川崎)憲次郎さんだった。

「開幕投手は、山本昌さんか? 川上憲伸か?」

開幕が近づくにつれ、投手陣もロッカールーム内で「誰だ、誰だ?」と騒ぎ出した。本当に誰も知らなかった。開幕当日に憲次郎さんがスーツ姿でナゴヤドームに現れた。

「憲次郎さんが開幕投手なのか」

そこで初めてみんな事実を理解した。投手のことは森繁和投手コーチに一任し、就任初年度の開幕戦の先発投手だけ、落合監督が決めたそうだ。

すごく突拍子もないことをやってのける一方、すべてが理にかなっている野球をしていたと思う。あの一件にしても、味方も開幕投手を知らないことで重要な情報の漏洩《ろうえい》を防ぎ、相手チームを悩ませる。

同時に、最多勝・沢村賞の実績ある憲次郎さんのプライドに見合う実質的な「引退試合」を用意したわけだ。

「あの1試合があったからこそ、就任1年目での優勝があった」

落合監督、自他ともに認めるところだった。

04年から、チームは先発投手を隠すのがうまくなった。だから、下剋上《げこくじょう》を果たした07年のクライマックスシリーズも、首位・巨人は「2位・中日に、先発は全部裏をかかれた」と悔しがった。

そりゃ、中日の選手たちだって自分たちの先発投手が誰か分からなかったのだから無理もない（苦笑）。

INNING 9
仕えた監督たち

「岩瀬不振。2軍で調整⁉」

04年にストッパーに指名された僕は最初調子が芳《かんば》しくなくて、マスコミにいろいろと叩かれた。スポーツ紙に、僕の2軍調整を示唆《しさ》する大きな見出しが躍り、辛らつな内容の記事が載った。

「岩瀬よ。俺はお前を絶対2軍に落とさない。お前は1軍の試合の中ではい上がれ」（落合監督）

ああいう実績豊富であるが、口数の少ない監督の言葉は、含蓄《がんちく》があって選手としてすごく自信になるし、嬉しいものだ。

「お前、背中が丸まっているぞ」――僕の不調を見透かしたかのように、ひとこと、つぶやく。良いことも悪いことも言うのだが、予言者のごとくその通りになるのが恐ろしかった。的を射ているだけに、「悪いことは言わないでくれ」と願っていたものだ（苦笑）。

リーグ優勝4度、日本一1度、8年間すべてAクラス（3位1度）。「落合・中日」時代は、言わば中日の黄金時代だった。リーグ優勝4度のシーズンは、すべてチーム防御率1位。「投手力を主体とした守り勝つ野球」は、優勝と連動していた【P6表2参照】。

「こういう野球をやれば勝てる」ということを実践し、分からせてくれた。

あれこれと細かなことを言わない分、選手に自主性を求めている部分もあった。

「岩瀬で打たれたら仕方ないだろう」

裏を返せば、こうも取れる。

「岩瀬は打たれたらいけないんだ」

新聞記事であのコメントを見たとき、「俺にはもうあとがないんだ」とも覚悟した。

しかし、落合監督は付け加えた。

「年に3度までは許してやる」

（それなら、長い1年間をトータルで考えられる）

割り切れた。叱咤《しった》激励《げきれい》だ。先述したように、

「試合の勝利を大前提として、3点リードがあるのなら、2点まではやっていい」

「リーグ優勝を大前提として、3度まで許されるのだから、1度や2度打たれても、くよくよ考えすぎるのはやめよう。その中でできる限りのことをしよう」

落合監督は、采配はもちろん、人心掌握術《じんしんしょうあくじゅつ》や選手起用が巧みだ。

「このチームにおいて、あの選手は本当に必要か。抜けたら困るのか、抜けてもいいのか」

1度決めたら、絶対に「それ」を貫き通す。ベテラン・若手を含めてチームが勝つためには、「軸になるべき選手」と「入れ替わっても構わない選手」を、たぶんドライに見極めていた。だから、04年キャンプ前日、監督就任第一声が、ああなったのだろう。

「俺の仕事は、選手のクビを切ることだ！」

04年アテネ五輪のとき、ボソッと言っていたのを思い出す。

「(川上)憲伸と岩瀬、2人とも持っていかれたら、きついな」

当時、ペナントレースは五輪中も中断されず、継続された。「先発エース」と「リリーフエース」の両方が五輪代表メンバーで抜けたら、チームの構成上困るということだろう。

（**編集部注**／結局、川上は五輪に出場せず、シーズン17勝で最多勝のタイトルを獲得。チーム5年ぶり優勝の原動力となり、MVP、沢村賞を受賞した。）

――08年北京五輪。岩瀬は韓国・李承燁《イスンヨプ》に逆転本塁打を浴びるなど、3試合救援失敗。大会10失点。痛打を浴びた岩瀬は、身も心もボロボロになって帰国した。球団には脅迫めいた電話がかかり、手紙が届いたという。

「岩瀬、どうする？　1度休むか？」

「休むと、かえっておかしくなると思います。そのままペナントレースに戻ります」

「五輪のことはあまり気にするな。あれは使い方が悪かったんだ。岩瀬の使い方は俺が一番よく知っている」

復帰したペナントレースで、２試合連続して僕はいつものように相手打線を封じた。

「な、そうだろ。こういう使い方がお前には合っているんだ」


――11年、中日は首位・ヤクルトに10ゲーム差以上離された。落合監督はその11年限りでの退任がペナントレース中に明らかになった。しかし、泰然自若《たいぜんじじゃく》とした采配により中日はヤクルトを大逆転して優勝。「これぞプロの監督」と周囲をうならせた。

04

「瞬間湯沸かし器」高木守道監督

――高木守道監督の現役時代の背番号は「1」。74年中日優勝時の応援ソング『燃えよドラゴンズ！』の歌詞は「一番・高木」が塁に出ることから始まる。高木はチームのリードオフマンだった。名は体を表すの言葉通り「守りの道」では、バックトスの名手だった。

「長嶋・巨人」と最終戦同率直接対決の94年「10・8決戦」。巨人が槙原寛己―斎藤雅樹―桑田真澄と先発3本柱を継投させた。対する「高木・中日」は、先発・今中慎二のあとエース級の山本昌や郭源治に投げさせなかったことを、後悔したという。

第2次政権の12年2位、13年4位。マスコミの前で、自軍選手のプレーを批判することも多く、大変失礼ながら「暴走老人」の異名もあった。

高木監督は、現役時代は天才肌だったそうだ。ふだんは穏便《おんびん》で本当に優しい人だが、ひとたびユニフォームを着ると人が変わる（笑）。「瞬間湯沸かし器」のニックネームもあるほど、熱い人だった。

そして何よりもファンのことを思う人だった。負けている試合でも「きょう観にきてくれたお客さんのために」と、中継ぎエース・浅尾拓也を使いたがった（苦笑）。

優勝を逃した12年は「岩瀬と浅尾のせいで負けた。あの2人がしっかりしないからだ」と言われた（苦笑）。

だから高木監督と、投手の気心を慮《おもんぱか》る権藤博投手コーチが激論をかわしているのをよく見たものだ。

05
貢献できなかった谷繁元信監督時代

――かつて70年代は稲尾和久(西鉄)、野村克也(南海)、村山実(阪神)ら「チームで一番上手い選手が監督も務める」選手兼任監督(プレーイングマネージャー)の時代があった。

だが、野球は細分化し、またスポーツビジネス化を遂げた。06年～07年の古田敦也捕手兼任監督(ヤクルト)時代は、プレーイングマネジャーの難しさが浮き彫りになっていた。

シゲさん（谷繁元信）が横浜から中日にＦＡ移籍してきたのが02年。僕がストッパーを拝命したのが04年。通算４０７セーブのうち、その04年から14年までに４０２個をマークした。さらに、そのほとんどをリードしてくれたのがシゲさんだ。

捕手兼任監督に就任したシゲさんは、14年４位、15年５位。現役を引退し、専任監督となった16年は最下位。僕は14年に20セーブを挙げたのだが、その夏に初めて左ヒジを壊して投げられなくなった。15年は登板なし、16年は15試合で０セーブ。

先発の吉見一起はその３年間で計９勝、中継ぎエースの浅尾拓也も３年間で計24ホールド。だからシゲさんの監督時代は投手の主力３人がほとんど何も貢献できなくて、一緒にやってきた仲としては、申し訳ない気持ちでいっぱいだった。

シゲさんは自分が捕手として出場する機会を減らし、次代の捕手育成に躍起になっていたし、「谷繁流野球」を僕が理解できるほど、僕は試合で投げられなかったのが残念だ。

06 投手コーチ、参謀のイメージが強い森繁和監督

——森繁和は、社会人野球時代、「住友金属」（99年活動終了）に在籍し、「東芝府中」（00年から東芝に統合）に在籍した1歳上の落合博満と全日本で交流があった。プロでは80年から先発で3年連続2ケタ勝

利、83年34セーブで「最多セーブ」のタイトルに輝き、西武の2年連続リーグ優勝・日本一に貢献している。04年から「落合・中日」の投手コーチを務める。落合が中日GMに就任した14年から「谷繁・中日」のヘッドコーチ。17年から監督に昇格し、17年5位・18年5位。

森さんの著書の表紙カバーで、色付きサングラスをかけたスーツ姿を見ると、「こわもて」のイメージがある（苦笑）。その実、ものすごく温かい人だ。西武時代に先発投手としてもストッパーとしても実績があるし、「落合・中日」の投手コーチや参謀だった人なので、「森監督」よりも、どちらかと言えば僕には「森投手コーチ」のほうがピンとくる。

――現役20年間、6監督と接してきて、岩瀬の中で形作られた「野球

哲学」は？　自分が近い将来、投手コーチや監督などの指導者になった場合、礎《いしずえ》となる野球はどんなものなのか？

改めて感じたのは、野球というのは「投手力を主体とした守り」だな、と。いくら打てるチームであっても、いい投手にかかったらなかなか点が取れない。計算できない。そうなったときにいかに「守り勝つ野球」をするか。

好打者でも「打率3割」。言い換えれば「投手が7割」。打たせて取れば、エラーがあってもその9割5分の確率でアウトを取れる。シーズン百何十試合もするわけだから、トータルで考えた場合、「投手力を主体とした守り勝つ野球」が一番計算できる。

07

金字塔達成の思い。「あと1人」コールは応援歌

――多くの監督のもとで野球をやり、岩瀬は歴史的な瞬間を経験した。

06年、自身唯一の「リーグ優勝胴上げ投手」。10年6月16日の日本ハム戦（ナゴヤドーム）で、佐々木主浩（横浜ほか）、高津臣吾（ヤクルトほか）に続く史上3人目の「通算250セーブ」達成（「名球会」入りの条件）。

さらに14年の「通算400セーブ」達成。

そして18年の「通算1000試合登板」。

金字塔を樹立したとき、岩瀬は何を思ったのか。

先述したが、06年10月10日にリーグ優勝して「胴上げ投手」になった瞬間は、ガッツポーズする僕にみんなが全速力で駆け寄ってきた。歓喜の輪が解けたときには、みんなに押しつぶされていた（苦笑）。

10年の「通算250セーブ」のときは、正直ピンとこなかった。当時35歳。まだ現役バリバリだったし、そこを最終的な目標としていたわけでもなかった。と言っても、投手として、野球選手として、最終的にどこまでいくという数字の目標はまったく設定していなかった。モチベーションはとにかく「1年間1軍にいる」ことだった。

——14年7月26日の巨人戦（ナゴヤドーム）。7対4の9回表に登板。1失点。最後、阿部慎之助を空振り三振に打ち取ってシーズン18セーブ目、通算400セーブの大記録を達成した。

【通算400セーブ達成のヒーローインタビュー】

（インタビュアー／東海テレビ・森脇　淳）

――今の率直な心境をお聞かせください。

岩瀬　ホッとしているのが正直な気持ちです。ただ、「うまくいかないな」と。

――二死走者なしから、巨人が壮絶な粘り（3連打）を見せました。マウンドではどんな思いでしたか。

岩瀬　二死を取るまではよかったのですが、それからは急ぎ過ぎました。

――最後はいかがでしたか。

岩瀬　スライダーを投げたのですが、最後はちょっとコケちゃいました。1つ1つの積み重ねでここまできました。これから先もありますので、きちっと0点で終われるように、しっかりやりたいと思います。

――現役生活16年間、野球の神様も見ていてくれたと思います。1つ1つ積み重ねてきた中での、苦しみながらの達成でした（1失点）。

岩瀬　本当は苦しみたくないですが、自分らしいと思います。「もっとしっかりやれ」ということだと思います。

――敗戦の責任を背負わなくてはならないときもあったと思います。岩瀬さんを支えてきたものは何ですか。

岩瀬　僕の周りの人たちに支えられたと思います。

――最初に報告したい人は誰ですか。

岩瀬　僕以上に大変な思いをした両親ですね。

――3万8，116人。今シーズン最多のお客様がナゴヤドームに集まりました。大記録達成の岩瀬投手に、ファンの皆様、拍手をお贈りください。

14年「通算400セーブ」のときは、別の意味でも印象に残った。球をリリースする瞬間、マウンド上で足を滑らせて、完全にバランスを崩した。最後はマウンド上でズッコケながら、阿部選手を三振に取った。

スライダーがカーブになった（苦笑）。阿部選手も打席でズッコケて空振り三振となった。だから、ものすごいカッコ悪いシーンで終わっている。

18年「通算1000試合登板」のときも、正直そんなにピンとこなかった。というか、記録にはあまりこだわらなかったし、それをめざして達成したら、自分がもう終わってしまいそうな感覚があったから（9月28日阪神戦＝ナゴヤドーム）。

――しかし、その4日後、岩瀬は引退を表明した。

「まだできると思っていた中で、納得のいく結果が出ない。そして任されたイニングをまっとうできなくなった。それが引退を決断した

──理由です」と語った。この最後のシーズン、実に48試合に登板した。


プロ野球生活でやりたかったこと？

「もう1度、先発かな」

後進のストッパーに贈る言葉？

「やられたら、やり返せばいいいんだよ」「打たれても、次、抑えればいいんだよ」


──最後の岩瀬の2つの言葉に、ストッパーにかけた思いが凝縮されてはいないか。

「もう1度プロ野球選手に生まれ変わったら、先発投手をやりたい」

それほど、ストッパー稼業は、大変だったということだ。

そんな中で果たした、前人未到の「通算1002試合登板」「通算407セーブ」は称賛に値する。

自《みずか》らを支えてきたのは、「やられたら、やり返す」不屈の精神力だった。

そして、ファンの「あと1人コール」は、ストッパー・岩瀬にとっての「応援歌」だったのだ。

【参考資料】

・落合博満『采配』ダイヤモンド社、11年
・森繁和『参謀』講談社文庫、14年
・山本昌『奇跡の投手人生50の告白』ベースボール・マガジン社、15年
・谷繁元信『勝敗はバッテリーが8割』幻冬舎、22年
・阿部珠樹「未完の完全試合。山井大介決断の理由」NumberWeb、08年4月3日
・鈴木忠平『嫌われた監督』文藝春秋、21年
・『名球会ゴルフinハワイ　250セーブトリオ座談会』テレビ東京、11年1月1日
・「400セーブ達成インタビュー」東海テレビ、14年7月26日ナゴヤドーム

岩瀬仁紀（いわせ・ひとき）

◆74年愛知県生まれ。181センチ・84キロ、左投げ左打ち。

◆西尾東高校→愛知大学→NTT東海→中日（99年ドラフト2位〜18年）。

◆現役20年＝プロ通算1002試合59勝51敗82ホールド407セーブ、防御率2.31。

◆最優秀中継ぎ投手3度、最多セーブ5度。

◆オールスター出場10度

◆15年連続「シーズン50試合」登板。9年連続30セーブ。

「通算1002試合」「407セーブ」は日本記録。05年のシーズン46セーブはセ・リーグ記録。

【プロフィールの凡例《はんれい》】

◆生年月日、身長・体重、投打の左右の別

◆出身校〈甲子園出場の有無〉→在籍球団（ドラフト=「会議があった年」ではなく、「実際にプレーを始めた年」で表記）

◆通算成績＝現役年数、登板試合、勝利、敗戦、ホールド、セーブ、防御率

◆タイトル＝最多勝利、最優秀防御率、最多奪三振、最高勝率、最多セーブなど

◆記者投票＝沢村栄治賞、MVP、ベストナイン、ゴールデングラブ賞（72年制定）

◆球宴出場回数

◆主な記録＝日本記録、セ・リーグ記録、パ・リーグ記録など

（**編集部注**／数字・記録は2022年シーズン終了時点のものです）

STAFF

取材・構成・編集	飯尾哲司
カバー・本文デザイン	bookwall
写真	中日ドラゴンズ、東京中日スポーツ、産経ビジュアル
協力	株式会社Daje
SPECIAL THANKS	飯山優果
	中日ドラゴンズ